なんで
やせないんだろう?

35歳からの「もう太らない自分」の作り方

山本未奈子

講談社

はじめに

趣味は、ダイエット。特技は、リバウンド。

そう言われるくらい、私はありとあらゆるダイエットを繰り返してきました。人生、ものごころついてからずっと何かのダイエット方法を試していたといっても過言ではありません。

ちょっと油断をすると体が重くなる。気に入っていたはずの服がきつくなってはため息をつき、またダイエットを始めるのが常でした。妊娠するたびに20kg近く太り（赤ちゃんはおよそ3kg、羊水などを含めても4kg程度ですから、残りは私の〝肉〟

だということ）、周囲の人もドン引きするほどの巨体に。出産後もちっとも細くならず、３度の出産では毎回、それはそれは苦労しました。この本でも紹介していますが、巷でいいといわれるダイエットには片っ端から挑戦し、挫折し（涙）、失敗してきたのが私のダイエット人生です。

でも、今の私は「太ってるね」と言われることはありません。自慢のように聞こえますか？　はい、自慢です（笑）。私は「何もしなくてもやせられるタイプ」ではありませんし、食べることが大好き。どちらかと言うと、太りやすい体質です。年齢的にもどんどん基礎代謝が落ち、ホルモンバランスが変化し始め、やせにくくなってきていると思います。

けれど、断言できます。私はもう、以前のようにダラダラ太ってしまうことはないと。数々のダイエットの失敗を経て、栄養や体に関する知識もつき、「これで私は大丈夫！」と確信しています。たとえばイベント続きでちょっと体重が増えてしまうとか、うっかり食べすぎてしまうことはあるかもしれません。でも、必ず元に戻せるということがわかっています。人から見て「太ったんじゃない？」と言われるレベルになる前に、きちんとリセットできます。自信をもって、そうできると言えます。

この本に詰め込んだのは、そんな私の「もう太らない、ダイエットに振り回されない」ための知恵です。文字通り、たくさんのエネルギーとかなりのお金をダイエットに費やしてきた私が体を張って獲得した、「もう太らない自分」作りのためのエッセンスです。

ダイエットに大切なのは、お金やかけた手間ではありません（そう気づくまでに、私はずいぶん投資をしましたが。笑）。正しい知識を身につけること。そして、自分を知ること。この2つがあれば、「もう太らない自分」は手に入ったも同然です。苦しいダイエットや辛い気持ちには、さよならを告げましょう。私の失敗の数々がこの本を手にとってくださった皆さまの「楽しく、賢く、美しいダイエット」の導きの糸になりますように。

私のダイエットヒストリー
My Diet History

Before(38歳)

数々の失敗、挫折経験が「成功法則」を導いた

出産のたびに17kg、19kgと太り、3度目にはついに20kgオーバー。毎回、血のにじむような努力をしてやせてきた私に、夫が言い放ったひと言が「趣味はダイエット、特技はリバウンド、だね」でした。でももう、それは終わりです！

マイナス23kg!

After(現在)

ダイエットを繰り返し、あきらめている人へ

ホルモンバランスの変化もあり、女性は年を重ねるごとにどんどんやせにくくなっていきます。でも、大丈夫！　やせにくいと思っている人やすぐ戻ってしまう人、若い頃とは違う、「今のあなた」のためのやせ方があるんです。

目次

第3章 若い体＝巡る体を手に入れる「やせルール」……85

大人のやせルール5

～若い体＝巡る体を手に入れる！～

大人がやせにくい理由は代謝が落ちているから、だけではありません。
同時に排出能力――体の不要なものを流す能力も落ちているから。
２つの悪循環が大人をやせさせないのです。
つまり、この循環をうまく働くようにするだけで、やせやすい燃える体になれます。
ハードな食事制限や運動をする前に、「脚を組まない」「たくさん寝る」
「冷たいドリンクを飲まない」といったことが実は想像以上に重要なのです。

ルール1
正しく立つ、座る

→P86～

この習慣が変わるだけで
体は本当に変わる！

ルール2
何を食べるか、どう食べるか

→P98～

その「あと一口」がデブのモト。
"ゆる"糖質オフでリセット！

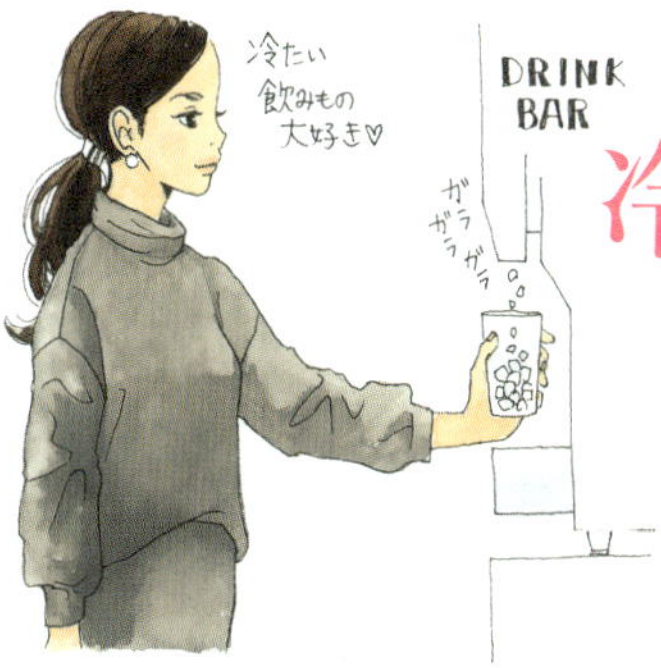

ルール3

冷えている体は燃えない

→P130～

やせられないのは
冷えのせい!

ルール4

睡眠でやせる

→P140～

寝ないとやせられない、これ真実

ルール5

巡る体を作る

→P146～

年のせいにしない!
コリとつまりのない体へ

大人のダイエットに必要なのは……

「巡る体を手に入れること!」

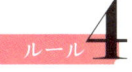

※掲載商品の価格はすべて税別です。

第1章

これまでのダイエットではやせられない

Chapter 01

No.01

想像以上に辛い食事制限に目が点

ハードな食事制限&運動に、意を決してチャレンジ!

流行りものに目がない私がチャレンジした中でも、ダントツのキツさだったのがこのダイエットです。"ビフォー→アフター"のテレビCMでおなじみ、タクシーに乗れば「こんなにやせました!」という成功例がずらり。それらを見ているうちにいてもたってもいられず、「今度こそ……!!」と決意して乗り込みました。

このダイエットを指導しているジムはとても頼もしく、**相談にいくと「結果にコミットします!」と断言してくださいました**。「ただし、こちらの指導通りにやってくださいね。必ずやせられますから!」という言葉に、ダイエット難民の私はうっとり。2ヵ月という期間限定で、トレーナーさんと二人三脚の毎日が始まりました。

こちらの第一の特徴は、徹底した「高たんぱく低糖質」の食事。筋肉のもととなるたんぱく質はしっかり摂りますが、糖質や脂質は徹底的にオフします。ですから果物はもちろんですが、糖質を多く含む根菜類もNG。火を通すと甘みを感じる野菜、たとえばさつまいもや大根やれんこん、にんじんといったものも食べられません。うどん、ラーメン、パスタなどの麺類、そしてご飯やパンといった主食類も論外。また、お肉も脂質の多い部分はNGですから、カルビやサーロインステーキも当然ダメ。食べられるたんぱく質は、鶏のささみや卵、豆腐、シーフードがメインになります。当然のことながら、お酒も飲めません。

始めてみると、この食事制限は想像した以上に大変でした。まず、外食はまったく楽しめません。誰かと食事をするときに、「私は刺身と冷や奴だけでいいわ」「お酒も遠慮するわ」では、自分も相手もつまらないですよね。自然とお声がかからなくなりますし、誰かと食事しようという気もなくなってしまいます。会社にいても、ランチに出かけるスタッフを見送ってゆで卵やサラダを食べるような生活ですから、正直、本当につまらない。覚悟して始めたはずの食事制限でしたが、この **"人との食事をまったく楽しめない" 状況は、予想していたよりはるかに辛いものでした**。普通の食事をしたい、誰かとおしゃべりしながら食事を楽しみたい、というストレスがたまり、イライラしっぱなしでした。

さらに、わが家には育ち盛りの子供が3人いますから、当然ですが毎日、食事を作ります。カレーライスやハンバーグ、シチューなどを「美味しそうね」と作りながら、一口も食べられないという状態も、かなりストレスフル。子供たちに「ママはいらないの?」なんてのんきな質問をされながら、じっと耐え続ける毎日でした。

ただ、**トレーナーさんが伴走してくれるというのはいいプレッシャーになります**。「食べたものをすべて写真に撮って報告すべし」というのがこのジムの掟なので、うっかり抜け駆けはできません。あとで報告すると思うと、食べるものに自然と意識がいくのです（こっそり食べることはもちろんできますが、「こんなにお金をかけて、運動も頑張っているのに食べるわけにはいかない！」と、頑張れてしまうのがこのジムのすごいところです）。これまでは食事制限をしても2週間くらいで挫折していた私ですが、どうにか2ヵ月間やり通すことができました。運動と合わせての成果やいかに？（続く）

Minako's Voice

No.01

きつい食事制限は
かなりのストレス！
“誰かが伴走してくれる”
ありがたさは実感。

No.02

筋トレ後は、文字通り崩れ落ちるほどハード！

ハード筋トレ×高たんぱく食——②

トレーナーの勢いに飲まれ、前代未聞の運動量に

食事制限も辛かったけれど、運動もハードなのがこちらのジムの特徴です。トレーナーさんについてエクササイズをする経験は何度もありましたが、こんなにハードなのは初めて!「普通、女性向けの筋トレでこんな重たいものを持たせませんよね?」と言いたくなるくらいの負荷は当たり前。「コレくらいから始めましょう」と渡されたダンベルはなんと30kg。普段だったらとても持ち上げられないと思うのですが、トレーナーさんに励まされ、煽られ、頭が真っ白になりながらこなすことに。腹筋、背筋、ハムストリングス……**プロのアスリートかと思うようなハードな筋トレを、大きな筋肉を中心に行っていくのです**。途中からは文字通り泣きながら行っていて、終わったときには生まれたての子鹿のように、足元からヨロヨロと崩れ落ちてしまいました(笑)。そのジムは地下にあったのですが、帰りには階段を上がることすらできなくなり、手すりにすがって這うように昇りました。

そんなハードな筋トレと徹底した食事制限の2ヵ月を経て、私の体型がどうなったかと言うと……体重は5kg減りました。私の場合、やせるとしても1ヵ月に2・5kg以内が理想的なので、

いいバランスです。驚いたのは体脂肪率！　なんと8％も減りました。あれだけの食事制限と筋トレをしたのだから当然かもしれませんが、**これだけ短期間で脂肪を燃やし、筋肉量が増えたのは初めての経験**でした。当初はハードすぎて倒れそうだった筋トレにも慣れるもので、重たいダンベルもラクに持ち上げられるようになるから面白いもの。辛くないわけではないのですが、「やればこんなにできるようになるんだ！」という自信にはつながりました。

ただ、デメリットもありました。1つはコレステロール値が上がったこと。食べられるものが限られているので、主にシーフードやチーズばかり食べていたのですが、健康診断でこれまで言われたことのなかった、コレステロール値の高さを指摘されました。食事を元通りに戻して数ヵ月で回復したのですが、**もともとコレステロール値が高めの人、ある程度年齢が上の人には無理なダイエット**だなと思いました。それに、この方法はビタミンやミネラルなどの栄養バランスを考えたものではないですから、決して美容にいいわけはありません。私はサプリメントを意識的に摂取していたこともあり、肌が荒れるようなことはありませんでしたが、もしもあのまま続けていたら、確実に影響があったと思います（だからこそ、2ヵ月限定でやるダイエットというふれこみなのでしょうが……）。

もう1つは、**ものすごいリバウンドがあった**こと。2ヵ月も糖質をカットすると、体が〝糖質待ちモード”になるので、それまでの普通の食事に戻したときに吸収がよくなってしまうのです。「あんなに頑張ったから」とダイエット後も食事には気をつけていたつもりですが、あっという間に体重は元通りになってしまいました。

さらにもう1つ、「体重」ではなく「体型」を気にする女性にとっては、不安材料も。あれだけの筋トレをこなしているため、かなり筋肉量がアップします。スレンダーに引き締まればいいのですが、**体質によってはかなり大きい印象になってしまう可能性があります**。ただウエストを細くしたいだけなのに腹筋がつきすぎて割れたり、脚が筋肉でパンパンになってしまっては困りますよね。筋肉がつきやすい方は注意したほうがよさそうです。

Minako's Voice

No.02

辛いストレスとコレステロールを得た2ヵ月……。マッチョになる危険性も!

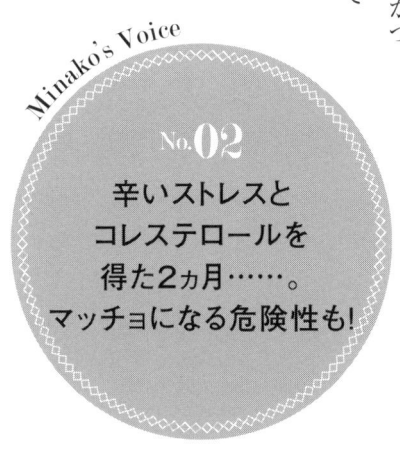

No.03

母との思い出を
ありがとう。
二度目はない
「断食道場」

周囲から隔絶された場所で、断食にどっぷり浸る！

ダイエットを志す人なら誰もが一度は行ってみたいと憧れる場所……。そう、それが断食道場です。私の周囲でも「体がすっきりした」「やせた」といった声がちらほら聞かれるようになり、「それなら行かなくちゃ！」とさっそく足を運びました。

こういったイベントには、一緒に頑張ってくれるパートナーがいると心強いもの。このとき「私も行くわ！」と手をあげてくれたのは……同じくダイエッターの母でした。考えてみれば、母と私にとってダイエットは永遠のテーマ。母娘ふたりで決意を新たにして向かいました。

私たちが足を運んだのは、**お寺の一部に造られたという断食道場**。3日間のショートコースを選びました。母とはときどき一緒に出かけていましたが、こんなストイックな旅は初めて！　もちろん断食そのものも初体験だったので、ワクワクしながら訪れました。

いきなり食事を断つのではなく、初日は酵素ジュースや野菜スープなど液体のものが供されます。食事と食事の間もスポーツや山歩きなどが用意されていて、案外忙しい。緑に囲まれた気持ちいい環境で、ゆったりと過ごすうちに時間が過ぎていきました。「お腹が空いて辛くならないかしら？」と心配だったのですが、実際に飛び込んでしまえば意外に平気。環境が変わることで誘惑が減りますし、「断食にチャレンジする」というワクワク感が気持ちを後押ししてくれるよう。「お腹が空いてはいるけれど、全然大丈夫！」という感じで初日は終了しました。

続いての2日目は、スープもなし。お茶などは飲みますが、基本的に食事らしい食事はなしになります。1人だったら悲しくなるところを、「さすがにお腹空くわよね」なんて母と話をすることで気を紛らせました。ヴァカンスと違って「このレストランに行きたい」「ショッピングはここで」といったお目当てもないので、のんびりと、それは贅沢なひとときを過ごしました。

そして3日目。お腹が空っぽなせいか、スッキリと気持ちよく目が覚めました。この日は回復食ということで薄いお味噌汁と柔らかいご飯を少しいただくのですが、その美味しいこと！たった3日、本当の意味での断食は1日だけでしたが、それでも**味覚がリセットされ、素材の味がわかるように感じられたのは大きな収穫です。日頃の食事量や味付けを見直す機会にもなりますし、「断食は回復期こそ大切」**といった知恵も身につけられました。大きく体重が変わったわけではありませんが、とても満足度の高いステイでした。

ではまた断食道場に行くかと聞かれると……正直、あまり行きたくありません。母とのプチ断食旅はそれはそれは楽しかったけれど、「同じお金を払うなら、やっぱりヴァカンスに行きたい！」というのが母と私の結論です。決して安いとは言えない金額を払うのに、お食事も楽しめない旅行はもったいない。であれば、ダイエットを日常に組み込む努力をして、旅行は目一杯満喫したいと思ったのです。

断食に興味ある方なら、一度は訪れる価値があるでしょう。環境が変わるので意外と乗り切れますし、断食の良さについて、正しいやり方について学ぶにはぴったりの場所です。ダイエット目的というより、リセットのきっかけ作りや隔絶した環境を求める方向きかも。また、「自宅で、自分の意志でプチ断食なんてできない」という方は、トライしてみるのもいいのでは？

Minako's Voice

No.03

断食を経験するにはいい場所。ダイエットというよりマインドリセット。

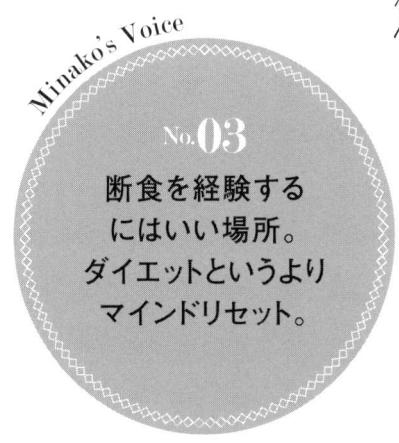

No.04

リバウンド必至、コスパも微妙な単品置き換えダイエット

”これだけでＯＫ“という手軽さの甘い罠

社会人になってからは、ダイエット食品にもハマりました。そして、そのほとんどは残念ながら効果がなかったのが現実です。

唯一効果があったのは、「夜だけこのシェイクを飲む」といった置き換えダイエット。摂取カロリーが格段に減るのですから、続ければ確かに効果はあります。すごく美味しいわけではありませんが味も工夫されていますし、何より食事制限につきものの空腹感はない。きちんと続けさえすれば摂取カロリーより消費カロリーが上回るので、やせるのも当然です。

ただ、こういった**市販の食品に頼るダイエットは、続けるのに案外お金がかかる**んだなというのも実感しました。そして、この置き換え食品を**やめてしまうと、面白いように体重が元に戻ってしまう**のです。置き換え食品にかなりの満足感がある分、普通の食事に戻したときに摂る量が減らないからかもしれません。続けているうちは効果があるのですが、ずっと置き換えダイエット食品に頼るのも現実的ではないなあとやめてしまいました。

それに、単一の食品にせよ市販されているダイエット食品にせよ、「そればかりを食べる」というのはどうしたって栄養が偏ります。これはＮＹに行ったときに美容学校で学ぶまで知らなかったのですが、現代日本人の典型的な食事では、ビタミンやミネラル、食物繊維などがそもそもかなり不足しています。せっかくやせたのに肌や髪がパサパサ、ではダイエットの甲斐がありません。高校生の頃から「今度こそは！」と何回も繰り返してきた置き換えダイエットですが、**ボディラインはもちろん、肌や髪、メンタルに至るまで「トータルでのキレイ」を目指す女性は避けたほうがよい**、というのが私の結論です。

Minako's Voice

No.04

カロリー制限ではやせたとしても「目指すキレイ」は実現できない!

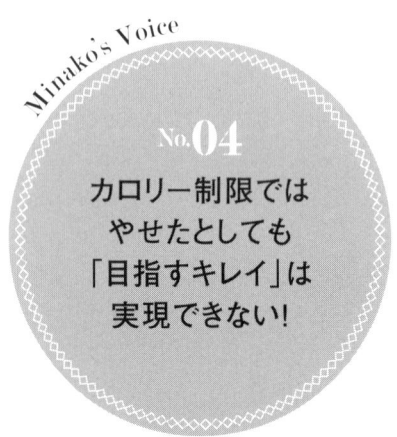

No.05

確かにやせる……けれど、肌も髪もボロボロの食事制限

食事を減らせばやせて当然。でも、それってキレイなの？

ダイエット歴が長い私ですが、その中でもハードな食事制限をしたなあ、と反省しているのが29歳のとき。私は人生初のデブ期を迎えていました。当時は初めての妊娠中で、「栄養をしっかり摂らないと」と野放図に食べていたところ、身長170㎝の私がなんと体重76kgに！ それでも出産したら元に戻ると思い込んでいたのですが、産後、体重は4kgくらいしか減りませんでした。あとは全部、〝自分についた肉〟。よく「産後は授乳で吸い取られるから、自然とやせる」なんて言いますが（必ずしもそれは間違いではありませんが）、ものには限度があります。出産後1年を経ても10kgくらいしか減らず、どっしり体型のままでした。

そんなときにばったり昔のボーイフレンドに出くわしたところ、彼が「……体が倍になっちゃったね」と息を飲んだことが今でも忘れられません（笑）。幸い授乳も終わっていたので、一大決心をして、ダイエットを始めました。**お菓子や油ものはすべてカット。主食もとことんカット**して、口にするのは蒸したり茹でたりした野菜と肉ばかり。今考えると子どもの離乳食みたいなものしか食べていなかったのですが、そのときは「とにかくやせなくちゃ！」と必死だったのです。その頃はまだ専業主婦だったのでおつきあいの外食もほとんどなく、食事のほとんどが自宅だったというのもこの食事制限に拍車をかけました。

そんな生活を半年は続けたでしょうか。思い込んだら突っ走るタチなので、それまで食べていた半分くらいの食事量をほぼ毎日守りました。小さい子どもがいるので、運動といえば抱っこやおんぶばかり。「運動ができない分は、食事で頑張るしかない」とばかりに、ひたすら突っ走っていたのです。涙ぐましい努力の甲斐あって、一年半で落とした体重は計18kg！「やればできるんだわ！」と、はけなかったスカートに体を通してご満悦でした。

ところがそんなある日、自分の写真を見て愕然としました。細くなってはいるのですが、**髪はパサパサだし顔の毛穴も開いている。しかも、29歳にして顔がたるみ**始めていたのです。全体的にツヤがなく、顔もくすんでいて疲れて見える……。極端な食事制限は、じわじわと肌や髪を蝕んでいたのです。そういえば、ダイエットに成功して「やせたね」「頑張ったね」とは言われても、誰からも「キレイになった」とは言われませんでした。確かにこれでは「やせた」というよりも「やつれた」風情で、幸薄そうな感じ。こうして、ハードな食事制限ダイエットは「やせたけれどハッピーじゃない」という、最悪の結末になったのでした。

その後ＮＹで美肌理論を学んだおかげで、油抜きダイエットや極端な食事制限がダメなこと、肌や髪だけでなく、場合によっては健康も損ねてしまうことを今ではよくわかっています。**1ヵ月にやせるのは、体重の5％程度に留めておくべき**で、そうしないと**リバウンドも激しくなる**ことがデータで実証されています。そういった知識もなかった29歳の私は、間違った食事制限の弊害を身を持って知ったのでした。

幸いにしてその後も健康には影響なく、無事に第2子、第3子も出産することができました。けれど、**極端な食事制限は見た目だけでなく、婦人科系の機能などにも影響**を与えます。現代日本では若い女性の2割が「やせ」であるということと、日本において低出生体重児（いわゆる未熟児）の率が先進国で群を抜いて高いということは、決して無関係ではありません。

ダイエットは、ただ体重を減らせばいいというものではない。そんなシンプルな事実を、身を持って証明してしまった29歳の私。それからも数々の失敗を繰り返してはいますが、自己流の食事制限や極端なダイエット方法は、それ以来、行わないようにしています。

Minako's Voice

No.05

油抜きは、肌も髪もパサパサに。体重減は1ヵ月に体重の5％に留めるべし。

痩せたけど
体調悪い…

第2章

やせられる人 vs. やせられない人

「やせスイッチ」を入れるには?

Chapter 02

No.06

「一時的に」やせるは簡単。でもそれ、続きますか？

ここまで私の「ダイエット黒歴史」をお話ししてきましたが、本当にたくさんのダイエット法があり、数々の失敗を繰り返してきたことがおわかりいただけたと思います。

でも、すでに見てきたように、いくつかのダイエット法では実際にやせているのです。辛い筋トレ&食事制限をやっては5kg、ダイエット食品に頼っては2kg、糖質オフを頑張っては2kgといった具合に。そう、私はちゃんとやせているのです。

でも、**決定的な問題はそのやせた状態が「続かない」ということ**。大枚はたいて高いジムに飛び込めば、そのときは否が応でもモチベーションは上がります。新しいダイエット食品を試せば、しばらくは頑張れます。そして、そのダイエットを続けている限りはやせていられるのですが、やめた途端に元通りに……。早ければ数日、遅い場合でも数ヵ月あれば、体重も体型も戻ってしまうのです。私は夫に「趣味・ダイエット。特技・リバウンド」とからかわれてきたのですが(笑)、そう言いたくなる気持ちもわかります。私のダイエット歴史は、リバウンドの連続!

おそらくこの本を手にとってくださった方も、「そうそう、頑張っても戻っちゃうのよね」と共感してくださるのではないでしょうか。新しいことにチャレンジするのはさほど難しくはないのですが、それを「続ける」のは至難の業。そして、やめたとたんに体重が振り出しに戻る……その繰り返しです。こんなダイエット、意味があるのでしょうか?

私が**目指しているのは「一時的にやせること」ではなく、「やせたキレイな体を維持すること」**。体重計の数字を減らしたり増やしたりの連続は、もうまっぴらです。そうではなく、お気に入りのワンピースがいつでも着られること、大好きなゴルフのときに「体が重いなあ」なんて思わなくて済むこと、友人との食事会を「いまダイエット中だから」なんて断らなくていいこと……。そのためには、やせた状態が続かなければ意味がありません。

では、そのためにはどうしたらいいでしょう？ **答えは「続けられるダイエットを見つけること」、これに尽きます。あまりにもシンプルで拍子抜けしますが、でもこれが真実**。「1回やったら成功で、あとは好きに食べてダラダラしてていい」なんていうダイエットはこの世にありません。現代的なライフスタイルではどうしても、消費カロリーを摂取カロリーが上回ってしまいます。肝心なのは、どうしてもカロリー過多になる生活と、日々どうやって折り合いをつけるかということ。ダイエットは一時のものではなく、「毎日続けるもの」なのだと、発想を転換させてみましょう——ほら、ダイエット方法を選ぶ基準が変わってくるのではないでしょうか？

数々の黒歴史を持つ私は、ダイエットの選択肢ががらりと変わりました。

「ハードな筋トレ」？——面白そうだけど、ずっとやり続けることはできない。

「ダイエット食品」？——それを買い続けるのは現実的じゃない。

「断食道場」？——行くのはいいけれど、帰ってからの日々はどうするの？

……といった具合に。そして、この自問自答を繰り返すと「私の生活で続けられそうなのはコレ」「ずっとやるなら、この程度がリアルかな」といった「自分にできるダイエット」が見えてきます。そうすればしめたもの！

「やせたいやせたい、といつも言っている私」は、もうおしまい。「自分のためのダイエット」を見極め、それを続けましょう。やせたキレイなボディでいる秘訣は、それしかありません。「続けること」こそが、最強最良のダイエットなのですから。

No.07

必要なのはお金ではなく、正しい知識と自分を転がすマインド

私はもともと美肌理論をＮＹで学んだ美容家なので、ダイエットの専門家ではありません。ダイエットに関しては一般の日本女性の感覚に近く、「●●●でやせる！」なんて記事を見て飛びついては失敗してきたのは、第1章でもお話しした通りです。

これまでに学んだ美肌理論は自分のスキンケアにも、ブランドの化粧品作りにも役に立ってくれました。でも、それ以上に財産となっているのが「なぜ？」を問う姿勢です。予算や時間が限られた中でお手入れするのですから、より効率的に行いたい。そのとき、武器になるのは「なぜ？」であり、その結果として得た正しい知識なのです。

ダイエットでも同じこと。**ダイエットが成功するかどうかは、努力やかけた費用で決まるものではありません。それよりも、きちんとした知識をもつことが重要**です。「なぜ食べたくなってしまうのか」「脂肪は、どんなメカニズムで減るのか」といった本質的な知識は、実はとても役に立ちます。食べるものや体型、体質がそれぞれ違っていても、太る仕組みや体重を減らすときに大切なポイントは万人共通。あとはできる範囲で自分の生活に取り入れるだけです。

そして**もう1つ、とても大切なのが「自分育てのマインド」**。やせたいとかキレイになりたいといった私たちの願望とは違う次元で、脳は太古の記憶に基づいて「もっと食べたい！」「食べものがあるなら食べなくちゃ！」と私たちを翻弄してきます。正しい知識があっても、それとは関係なく脳の「食べちゃおうよ」という誘惑はやってきます。それをはねのけるのは、〝強い意志〟ではありません。食べたくなってしまう自分に罪悪感をもつ必要もありません。「食べたいよね、でももうちょっとだけ頑張っちゃおうよ！」と自分を励まし、転がし、調子にのせること。そう、いわば〝やせプロジェクトのプロデューサー〟のような明るいマインドが必要なのです。

そのために**ポジティブな目標を持つ**、というのはとてもおすすめ。目標は人によってさまざまですが、「やせたらこのパンツをはく！」といったおしゃれもモチベーションが上がりますし、「キレイな彼女でありたい」とか「スレンダーなママでいたいな」といった〝誰かのため〟というのも効果的です。ちなみに、視覚的に「その気になる」ビジュアルを自分の周囲にちりばめるというのは、私がよくやる手です。産後の私の憧れはモデルのＳＨＩＨＯさんだったのですが、彼女の本を読んだり画像をネットで検索したり、目につくところに写真を貼っておいたり。そうすると「こんなボディになりたい！」と自分のダイエットモードが面白いように高まります。いわば〝自分マインドコントロール〟です。ダイエットの〝やる気スイッチ〟がパチンと入れば、「食べちゃおうよ」という脳の誘惑は、はねのけられるものなのです。

問題なのは、「どうせ自分はできない」という諦めです。これは今すぐ追放してください！

「ダイエットしなくちゃ」「やせたいな」というのが口癖でありながら、実行はまったくしない。この繰り返しでは、「やっぱりダメ」と自己イメージが悪くなっていくばかりです。第1子を出産後の私も「どうせ私は子どもを産んだばかりだし」「今は育児が忙しくて」と、ネガティブなことばかり思っていました。それでは体型だって変わらないし、見た目も心もブスになってしまいます。

自分のプロデューサーには、誰もなってくれません。そして、どんなに高価なダイエット食品よりも、どんなに有名なカリスマトレーナーよりも、自分というプロデューサーのほうが強いのです。自分というお客さんを転がして、楽しくダイエットを続けましょう。

ここで注意したいのは、鬼コーチにはならないこと！「食べちゃダメって言ったでしょ！」「あーあ、やっぱりできなかった」と否定形になったらダイエットは辛くなってしまいます。お話ししたように、必要なのは根性や努力、意志の力ではありません。正しい知識を携え、楽しくポジティブなマインドさえあれば大丈夫。それが、続くダイエットの秘訣です。

No.08

年齢とともに落ちる"燃えやすさ"を上げるには？

大人がやせにくい理由—①

ダイエットの基本が「消費カロリーが摂取カロリーを上回ること」であるのは古今東西変わりません。けれど「消費」、つまり脂肪の燃えやすさが年齢や生活スタイルによって変わってくることをご存知でしょうか。大人のダイエットは、こういった変化をきちんと把握しなければ成功しません。大切なポイントは2つあります。

1つめは「基礎代謝」の変化です。私たちの体は、毎日たくさんのエネルギーを燃やすことで保たれています。運動するとエネルギーが燃やされるのはもちろんですが、心臓を動かす、体温を保つといった生命活動の維持にもエネルギーが使われています。いえ、もっと正確にいえば、こういった**「じっとしていても使われるエネルギー」のほうが多いのです。これを基礎代謝と呼ぶのですが、一日の消費エネルギーのうち7割がこれに当たる**と言われています。寝ていてもエネルギーが燃えてくれるのですから、こんなにオトクな話はないですよね。

ところが基礎代謝量は、年齢を重ねるにつれて落ちていきます。たとえば20代女性の一日あたりの平均基礎代謝量が1210kcalなのに対し、30代は1170kcal、40代は1100kcal（いずれも厚労省『日本人の栄養所要量について』第6次改定版より）と激減していきます。「一日たった100kcalの差なら、たいしたことない」なんて思うことなかれ。たとえば**18歳の頃と同じように食事をしていると、一年で30代の女性なら3kg、40代の女性なら6kgも脂肪が増える計算**になるのです。３kg、６kgを運動や食事で減らすのはなかなか大変。大人のダイエットでは基礎代謝が重要と言われるのも納得です。

実際に、私も昔は寝る前と起きたときに体重を測って比べると１kgくらい減っていたのですが、40歳となった今は６００gくらいしか変わりません。この「燃えにくさ」が毎日積み重なれば太ってしまうのは当然です。

ただし、「脂肪が燃えにくいから、ハードな運動をしなくちゃいけないんだ」と焦る必要はありません。確かに、基礎代謝エネルギーのうちおよそ４割を大量消費しているのは筋肉です。私が安易な食事制限はダメだというのも、基礎代謝の要である筋肉が減ってしまうから。逆に、筋肉量が増えれば基礎代謝がアップしますし、熱産生が増加しますから体が冷えず、疲れにくいなどいいことずくめ。こういった**筋肉を維持するのに、腹筋が割れるほどの運動をする必要はありません**のでご安心を。その代わり、普段の姿勢や体の使い方を徹底的にチェックしましょう。たとえば、座っているときに猫背になって、お腹の筋肉がゆるゆるとさぼっていませんか？　ここをきちんと使う癖をつければ筋肉も使えますし、見た目もきれいです。姿勢を維持するメインの筋肉（Ｐ86〜参照）はしっかり動かし、「ただ生きているだけで燃える」体質を育てましょう。

また、具体的な方法については後述しますが、「姿勢を美しく保つ」というのは基礎代謝アップにとても効果的。しかも、姿勢を支える筋肉はエネルギー消費量の大きいものばかりですから、**美姿勢になればなるほど基礎代謝がアップし、燃えやすい体になれます**。

また、意外に感じられるかもしれませんが、脂肪の燃えやすさと体液（血液やリンパ液など）の流れは大きく関係しています。体が硬くて血流が悪い体では老廃物（筋肉を使うと生まれる乳酸など）が流れず、溜まったままに。そういった老廃物が溜まって血管を圧迫するのでさらに流れが悪くなるといった悪循環にはまってしまいます。バスタイムをシャワーで済ませていたり、薄くて露出の多いファッションを楽しむのも20代ならいいでしょう。けれど30歳あたりからは、入浴やお手入れの仕方に気をつけたり、冷えを意識するほうがベター。若い頃のままの感覚でいるのは危険です。詳しくは後述しますが、**温めケアを取り入れることが、大人がやせたいと思うときにものを言う**ようになります。

年齢とともに「燃えにくい体」になってしまうのは仕方ありません。それにどう対処するかは、日常の小さな工夫次第。嘆くより、諦めるより、大人ならではの知恵を活用しましょう！

体重は忘れて。「見た目」重視、「体感」重視！

この本で何度も「◯kgやせた」「◯kg太った」を繰り返してはいますが、実は私は体重をさほど気にしていません。ひとつの目安にはなりますが、それはあくまでも数字の問題です。

それよりも大切なのは、「見た目」と「体感」です。たとえばダイエット（食事制限だけではなく、運動や代謝ケアも取り入れた「正しいダイエット」）をすると筋肉量が増えるので、体重も増えてしまうということはよくあります。同じ重さの筋肉と脂肪を比べると、脂肪は1・22倍もの体積があります。ですから、ダイエットを頑張って体が引き締まった場合、見た目は細くなっているのに体重は増えた、ということは十分ありえますが、ここでポイントなのは「見た目」であって、体重計の数字ではありません。

私がハードな食事制限をしてやせたとき、会社のスタッフにこう言われたことがあります。「未奈子さん、確かにやせましたけどちょっとやつれたかも」。ガーン！　あわてた私は、母に聞いてみました。「私、やせたんだけどどうかな……」。お世辞や気休めを言わない母はズバリ答えました。「確かにやせたわね。でも、幸せオーラは消えてるわよ」。そう、ダイエットにはこんな落とし穴があるから気を抜けない。細いけれど不幸せそうなら、多少ふっくらしてハッピーそうなほうが絶対いい（笑）。いずれにせよ、オブラートに包まず、ズバリと見た目を指摘してくれる友人や家族の存在は大切！　無理なダイエットをしているときは、肌や髪にツヤがなくなる、乾燥が進むといったサインが出ているので、自分でも見た目をチェックすることが大切です。

そしてもう1つ、「体感」も大事にしてください。たとえば先ほど例にあげた「筋肉量が増えて体重が増えた」場合、体が軽くなった、疲れにくくなった、手足の冷えがなくなった、といった変化を体感できるはずです。これは、ダイエットがうまくいっている証です。なかなか汗をかかない体質のはずが汗をかくようになったとか、眠りが深くなったなんていうのも、代謝が上がっていればこそ。こういった体感は、体重計の数字よりもはるかに信用できます。

レコーディングダイエットなど、数字を見ることが励みになるという方はもちろん、体重やカロリーを記録し続けていただいていいと思います。けれど、数字よりももっと雄弁に物語ってくれるのは、実はあなたの「見た目」と「体感」なのです。

最近、鏡の前で自分の裸をチェックしたのはいつですか？　「自分のヌードを見るなんて、恥ずかしい！」なんて言っていてはダメです。私はお風呂に入るたび、毎日見るようにしています。太ってしまったときはボディラインを見て悲しくなることもありますが、その気持ちこそがダイエットの原動力になってくれます。

「この服が着られなくなったら要注意！」という服はありますか？　ボディに自信がなくなってくると、ついゆったりとしたファッションに逃げがちです。でも、ラップワンピースやピタッとしたパンツのようなボディラインがわかるもので、「これが着られればOK」という目安の服を決めておきましょう。「このパンツ、きついかも？」――そのドキリとする経験が、つい食べてしまう自分への戒めになってくれます。

数字に一喜一憂するのは、もうやめましょう。他人はあなたの体重が何kgか、服のサイズがいくつかなんて気にしません。それよりも、自分で自分の体を快適と感じるのか、冷えたりむくんだり、顔色が悪いといったサインがないかを気にすること！　自分にとって「見た目」と「体感」がともに心地いいことがベストなのです。たとえやせたって、不健康だったらちっともキレイではないのですから。

あ、ちょっと
キツく
なったかも…?
数字よりも
体感が大事。

自律神経のメカニズムでスリムな体と美肌を同時にゲット！

「20代のうちはちょっと食事を控えればやせたのに、30代になるとなかなかやせない」。こんな経験は、この本を読んでくださっている方のほとんどにあるのではないでしょうか。基礎代謝がメインの理由ではありますが、ほかにも「大人ならではのやせにくさ」があります。毎日を忙しく過ごしている現代女性なら必ず意識してほしいもの、それが「自律神経」です。

自律神経というと難しく聞こえますが、これは「アクティブモード」と「おやすみモード」を切り替える、体内のスイッチのようなもの。**「アクティブモード（交感神経優位）」は昼間の活発な状態、「おやすみモード（副交感神経優位）」は夜のリラックスした状態**です。「●●神経」という言葉を覚える必要はありませんが、**2つのモードを行き来することが大切**、ということだけしっかり頭に留めてください。

問題は、現代的な生活をしているとなかなか「おやすみモード」になれないということです。これは健康にも美容にも、そしてダイエットにとっても大問題。というのも、「おやすみモード」は細胞が修復され、腸が活発に動いて老廃物を流す、といった、体の再構築がなされるとても大切な時間なのです。「アクティブモード」のときには、主に脳に送られていた血液も、「おやすみモード」では全身に巡ります。肌や髪、それに筋繊維など細胞が育つのは、この「おやすみモード」のときなのです。

ところが夜になっても煌々と照明を灯し、パソコンやスマホのライトを浴びるような生活では「おやすみモード」のスイッチが入りません。頭も体もアクティブなままなのでぎゅっと緊張し、血液やリンパの流れも悪くなったまま。仮に日中に運動したとしても筋肉も育ちません（運動で筋肉がダメージを受け、それを「おやすみモード」のときに再生することで新たな筋肉も育ちます。運動をしたら即、筋肉が増えるわけではないことに注意）。これでは、年齢によって下がった代謝がますます落ちてしまうのも当然です。**疲れがとれない、肌の調子が悪い、睡眠が浅い……といった方は、「おやすみモード」に入れていない可能性大！** 凝り固まっている体ではダイエットの成果が出ないという実例は、次章で登場するのでのちほど読んでみてください。きっと、自分の生活に当てはまるところが多くて驚かれるはず。

しかも、この「おやすみモード」のスイッチは、年齢が上がるほどに入りにくくなるのだそう。順天堂大学の小林教授いわく、女性は40歳で副交感神経（＝おやすみモード）の働きががくんと落ちるのだとか。疲れやすくなった、無理がきかなくなったといった体の変化は、「おやすみモード」が不調になってきたというサインです。これは努力ややる気で補えるものではないので、いたずらに抗うことなく、うまく付き合っていくのが大人の賢い対処法。**睡眠の質を上げる、早めにベッドに入る日を作る、入浴法を工夫する……といった知恵が必要**です。寝る前にスマホをベッドに持ち込むなんていうのは論外！「おやすみモード」のスイッチを入れるには、リラックスした時間を意識して作るようにすることが大事。リンパや血液の流れがよくなって老廃物が排出されますし、睡眠の質が上がるので、肌や髪、筋肉の再生力もアップするなどいいことずくめ。腸が活発に動くことで便秘が解消されたり、免疫機能（免疫機能の7割は腸が握っています）が整って風邪をひきにくくなるといった嬉しいおまけもあるはず。

30代、40代は多忙な時期ではありますが、だからこそ体の変化に向き合い、必要なときは心身をしっかり休めましょう。**こういった日常の積み重ねは、大人のダイエットを成功に導くだけでなく、安定した健康な体を作ることにもつながるのです**。

No. 10

女性ホルモンの変化と賢くつきあおう！

「女性ホルモンの分泌量が減って、太りやすくなる」なんて言うと、この本を読んでくださっている方の中には「更年期でしょう？　私はまだ30代だし、大丈夫！」なんて思われる方もいるかもしれません。けれど、女性ホルモンの分泌量ピークが何歳だかご存知でしょうか。**女性ホルモンのピークは30歳が目安で、35歳ともなると卵巣機能の衰えは始まります**。今は30代後半や40代で出産する方も珍しくはありませんが、女性ホルモンの分泌量は如実に減っているはず。それに、いずれは誰もが更年期や閉経を迎えるもの。**ムダのないダイエットのためにも、快適に年齢を重ねていくためにも、30歳を超えた女性は「女性ホルモンの変化」について知っておくべき**だと私は思っています。

女性ホルモンには大きく分けると2種類あります。そのうちの1つ、エストロゲンには脂肪の代謝を促したり、満腹と感じるホルモン（レプチン）の分泌を促すといった、ダイエットにはありがたい働きがあります。また、エストロゲンが分泌されている間は気持ちも穏やかで、体調も崩しにくいという特徴が。逆に、生理前になると調子を崩す（月経前症候群＝ＰＭＳ）という人は多いと思いますが、この時期は、ちょうどエストロゲンの分泌量が減ります。この時期になるとむくんだり、ジャンクなものを食べたくなってしまったりしませんか？　女性ホルモンというのはこうやって、私たちの心身を左右しているのです。

さらに、女性ホルモンの分泌量はP52～55でお話しした自律神経とも深い関わりがあります。どちらも脳の視床下部が司令塔となっているため、女性ホルモンの分泌量が自律神経の働きに影響したり、逆に自律神経の乱れが女性ホルモンの分泌量を変えてしまったりと、切り離して考えることが難しいのです。ストレスで生理のサイクルが乱れてしまうなんていうのも、こういった仕組みがあるから起きてしまうんですね。

ですから、まずは女性ホルモンをきちんと分泌させることが肝心。**20代、30代であれば生理のサイクルを整えること、バランスのとれた食事を心がけることも大切ですし、婦人科での定期検診もきちんと受けるべき**。日本では使う人が少ないけれど、低用量ピルを活用するのもひとつの手です。仕事や恋愛、友人関係で忙しい時期ではありますが、女性ホルモンがしっかり働いているか、婦人科系統の機能に問題がないかはちゃんと意識しましょう。ダイエットのためだけでなく、妊娠、出産を考えているなら特に大切です。

女性ホルモンの分泌量ががくんと落ちる**40代は、たんぱく質や脂質、ビタミンB_6、イソフラボンなど、女性ホルモンの材料となる素材をしっかり摂りましょう**。責任ある地位についたり子どもの受験があったりと忙しい世代ですから、サプリメントを活用するのもおすすめ。また、女性ホルモンの減少を自律神経に影響させないためには、**「幸せホルモン」と呼ばれるドーパミンや**

セロトニンをしっかり分泌させるのが効果的です。ドーパミンは恋愛などのワクワクで分泌されますが、"擬似恋愛"でも大丈夫。大好きなタレントが出るドラマを見て胸をときめかせたり、ライブや展覧会といったイベントでワクワクするのも同じこと。また、セロトニンは朝日を浴びると分泌されやすくなりますから、毎日とは言いませんが早寝早起きの日を作るのもいいでしょう。セロトニンの材料を含むヨーグルトやチーズなどの乳製品、納豆などの豆類、肉・魚類をしっかり摂るのもおすすめです。

子どもを産む、産まないといった差はあるかもしれませんが、女性として生まれた以上は一生女性ホルモンとつきあわなければなりません。この変化に上手に対応することが、ダイエットだけでなく、毎日の生活のクオリティも上げてくれます。

No. 11

大人がやせる「スイッチ」は3日で入る！

よく、ファスティング（断食）などをして「胃が小さくなった」という方がいますよね。これを読んでいる方なら経験があるかもしれませんが、確かに食べない期間を設けると、そのあとの食事量が減ります。実感として「胃が小さくなったなあ」と思うのは自然なことです。

ただ、医学的には正しいわけではありません。多くのドクターたちが解説していますが、**多少食べなかったからといって実際に胃のサイズが変わるわけではなく、「少量で満足できる」状態になっているだけ**。そう、ここでポイントとなるのは「少量でも大丈夫」と感じられる脳の状態です。同じ人なのに、「もっと食べたい！」から「もう足りた」と、食事の量に対する感じ方が変わるのは、なぜなのでしょうか。

話がそれますが、ここで、人類の歴史についてちょっと考えてみましょう。10年20年といった単位ではなく、数千万年単位でさかのぼる壮大な歴史についてです。これまでの人類史上で、日々食べるものに事欠かない現代というのは極めて稀な時代。基本的に人類はいつもお腹を減らし、食べ物を探し、見つけたものを巡って争うような時代を生きてきたのです。そんな時代の人類は、実りの季節には食べまくり、そうでない時期は最小限のカロリーで暮らすというのが当たり前。今の私たちが「たくさん食べる毎日を続けていると、どんどん食べられるようになる」と感じるのは、収穫期に「今のうちに食べておくべし！」と過食モードに入って摂取したものをたっぷりと体に蓄えていたこの時代の名残。たっぷり食べ続けていると「今は蓄えどき！」というサインが体に送られ、もっとたくさん食べ、しっかり蓄えるようにできているのです。

でも、心配には及びません。古代の人間には「過食モード」もありましたが、「節食モード」もありました。そして、しばらく食べられない時期が続くと、脳の「食べなくていいスイッチ」がパチンと入り、少量でも満足できるようになったのです。

さて、ここで問題です。**食べないことで「食べなくていいスイッチ」が押されるまでには、**どれくらいの時間がかかるでしょうか。数日？　数週間？　……正解は、**たったの３日**。１食抜いたくらいではなかなかスイッチが入りませんが、３日間頑張れば、脳は「今はこれくらいしか食べられない時期なんだ」と認識し、モードを変換してくれるのです。３日間といっても、何も絶食をする必要はありません。**いつもより食事の量を減らすだけでも、「節食モード」のスイッチはパチンと入るのです**。

この「節食モードスイッチ」の存在を知ると、ダイエットがぐっと楽になります。現代的な生活を送っていたら、食べすぎてしまうのは仕方ありません。仕事上のおつきあいや子どものための食事作りなど、避けられないものもたくさんあります。さまざまな理由でつい食べすぎてしまった自分を責める必要はないのです。そこですべきなのは、「過食モードに入ってしまったから、ちょっと節食スイッチを押しましょ」と3日だけ頑張ってみること。ホルモンが分泌されれば、憑きものが落ちたかのように「なんであんなに食べてたんだろう?」と思えるようになります。冒頭で書いた、いわゆる「胃が小さくなった」状態です。

悪いのは、つい食べすぎてしまうあなたではありません。私たちの脳や体はそもそもそういうふうにできているのです。だからこそ、**脳のクセを知って、それを味方につけて、賢くダイエットを続けましょう!**

No.12

「復食期」にぐんぐんやせる!大人こそ、正しいファスティングを

通常、私たちが胃腸での消化に使っているエネルギーを代謝に回すことで、**「代謝機能の活性化」「脂肪分解」「デトックス」「胃腸の休息による活性化」などのさまざまな効果が見込めるのが、ファスティング**。フランスでは「メスのいらない手術」と表現されているほど体内の環境を整え、糖質の摂りすぎや食べすぎをリセットできるので、現代人、特にダイエットが気になる女性にはやってみて損はない、新しい習慣だと思います。

〝ファスティング〟というと、イコール断食、「何も食べないんでしょ?」と思う方も多いのですが、さにあらず。脳のエネルギーである糖質が完全に断たれるとフラフラしてしまいますから、糖質はほどよく摂取するのがポイントです。

実際のファスティングの進め方をみていきましょう。忙しい現代女性が行うのであれば、まずすべきはスケジューリング! というのも、**ファスティングはただ「食べない期間」を設ければいいわけではありません。その期間と同じ長さの「回復食の期間」が大切なのです(実際にやせるのも、この回復食の時期)**。たとえばファスティングを3日間行ったら3日間かけて徐々に普通食に戻す、といった具合に、ゆるやかな食事の期間を必ず設けます。

初めてトライする方なら、週末1日をファスティング、1日を回復食といったプチなものでも構いませんし、効果を実感したいのなら3日間のファスティング、3日間の回復食がおすすめ。

計6日間ともなると仕事やイベントとの調整も必要になりますから、まずはスケジュールをしっかり立てましょう。PMSがあって生理前になると食欲が止まらないという人なら、生理が終わった時期に組み込むのもおすすめです。

ちなみに、断食道場などでは数日の「準備期」を設けるところが少なくありませんが、これは省略します。もちろん「明日からファスティングだから、これが最後の晩餐！」と暴飲暴食をしてしまうのは困りますが、通常の食事であればOKです。

では、実際にファスティングに入りましょう。基本ルールはいたって簡単です。

①固形物を摂らない

②適度な糖質と水分はしっかり摂る

を守るだけ。ですから野菜やフルーツを使ったジュース、油分やたんぱく質、食物繊維の入らないスープなどが取り入れやすいかもしれません。市販の酵素ドリンクやファスティングのキット（ジュースクレンズやスムージーのセットなど）を利用するのもいいでしょう。また、水分が不足するのは危険なので、ちょこちょこと小分けにして水分を摂ること。1時間に100㎖程度が目安で、アルコールやカフェインなどが含まれていないもの（水やハーブティーなど）を。

3日間程度のまとまった期間でファスティングをすると、ときどき頭痛や下痢といった副反応が出る方がいます。これは塩分が不足しているという合図なので、みそをちょっとなめる、梅干しを1個つまむといった形で補給してください。私は梅昆布茶を飲んで塩分を補ったりします。

　こうしてファスティング期間を乗り切ったら、次は復食期です。固形物を入れないでデトックスし、せっかく胃腸をキレイにしたのに、いきなり普通食に戻してしまっては台無し！　重湯から始めて、五分粥、十分粥、普通のご飯……という形で進めていきます。手術後の病人の回復食、あるいは赤ちゃんの離乳食のようなイメージ。わざわざ作るのが面倒なら、レトルトなどを活用してしまうのも手。3日間のファスティングであれば3日目にはたんぱく質を食べ始め、4日目には普通の食事に戻していきます。

　こうしてファスティングでリセットすると腸内環境が劇的に改善され、頑固な便秘もすっきり治ってしまうほど。体も軽くなりますし、「なんであんなに食べていたんだろう」と自分でも不思議なくらいに、食べグセも落ち着きます。

これならおいしい！　続けられるファスティングレシピ

ファスティング初心者でも始めやすいのが、ジュースを摂る方法。市販のものもありますが、お値段がそこそこします。ここでは誰もが作りやすく、飲みやすいジュースレシピを紹介しましょう。1日のうちにだいたい6～8杯くらい飲むのを目安にしてください。そのほかのポイント（水分や塩分の補給など）や重要な回復食については、前項を参照してください。

デトックスジュース

［材料］

ケール……1枚
小松菜……2株
りんご……1個
レモン……半分

［作り方］

りんごは芯を取り除き、ケールと小松菜とともに適当な大きさに切る。レモンは皮をむく。ジューサーに材料すべてを入れて、ジュースを絞る。できたてを飲む。

抗酸化ジュース

［材料］

オレンジ……1個
にんじん……1本
パプリカ……½個
レモン……半分

［作り方］

オレンジ、レモンは皮をむく。にんじんは上部を切り落とし、パプリカは種とわたを取り除く。材料すべてを適当な大きさに切り、ジューサーに入れてジュースを絞る。できたてを飲む。

燃焼ジュース

［材料］

りんご……1個
セロリ……1本
白菜……⅛株
しょうが……少々

［作り方］

りんごは芯を取り除き、セロリと白菜は根元を切り落とす。材料すべてを適当な大きさに切り、ジューサーに入れてジュースを絞る。できたてを飲む。

おすすめ酵素アイテム

右）**グランチャージ キレイの酵素**
500ml　¥10000／ポーラ
野菜や果物、ハーブ、穀物、海藻類といった、日常で摂取するのが難しい372種の植物発酵液と10種の植物エキスを配合。体内酵素のバランスを整え、体や肌の不調の改善を目指す。このままでも、炭酸水などで割っても。

左）**Koso Collections**
500ml　¥6500／ザ・デイ・スパ
100種類以上の野菜と果物の酵素に、しょうがやざくろ、イソフラボンなどをブレンドしたものと、老舗酒蔵の蔵つき酵母で作った酵素ドリンク。週末のファスティングや便秘解消、冷え対策、美肌など女性の悩みに。

無理はしない。食べたいように食べる「3日ルール」

私がこれまでに行った糖質オフやカロリー制限は、数週間から長いときなら半年くらいの期間、特定の食品をカットしていました。「ケーキはもう食べない！」と宣言して頑張ったりしていたのですが、やっぱり人間ですから無理は続きません。いったん食べ始めたら堰を切ったように食べてしまい、逆にリバウンドして……ということもしょっちゅうでした。

そんな愚を繰り返さないために私が決めたことが、**「食べたいときに、食べたいものを食べる」という基本ルール**です。そんなことしてダイエットになるの？　と思われた方もいるかもしれませんが、このルールなくして「継続するダイエット」はできません。

そして、この基本ルールには**「食べたくないときは、食べない」というルールがセット**になっています。ここが肝心です！　実は、私たちの毎日は「なんとなく食べている」ことがものすごく多い。朝になったから、昼になったからと機械的に食べ、さらには作りすぎ、オーダーしすぎた料理を前にして「もったいないから」と食べているのです。

でも、そのひと口は「本当に食べたいもの」ですか？　実はたいして食べたくもないのに、食事の時間だから、もったいないからと言い訳して食べていませんか？　そんな「ムダ食い」は、今日からやめましょう！　たとえば、食事の時間になってもお腹がすいていないと思ったら、1食スキップしてもいいのです。昨日のディナーでこってりしたものを食べて、お腹が重い……、それなら朝食をスキップ！　お昼に調子にのってデザートまで食べてしまい、夕食どきになってもお腹がすかない……、だったら夕食をスキップ！　こういうふうに、**「今、お腹がすいているのか」「本当にそれを食べたいのか」を常に自分に問いかけてみてください**。

「もったいない」も同様です。もはや国際語にもなっているくらいの美徳ですが、あなたの体はゴミ箱ではありません。お腹は満ち足りているのに「もったいないから」と詰め込むのでは本末転倒です。一度、思い切って「お腹いっぱいだから」と、その食事を残してみてください。きっと、「食材を無駄にしちゃった」「せっかく作ったのに、あーあ」といった、とても残念な、嫌な気持ちになります（実際に私もそうでした）。その気持ちをしっかり脳に刷り込みましょう。調子にのってオーダーしすぎたらこうやって捨てることになる。バンバン作って余らせるより、「今日食べたい量」を考えるべき……、といった反省が生まれます。これぞ〝自分マインドコントロール〟のチャンスです！　食べたいものを、食べたい分だけ食べる。こういった、しごくまっとうな食べ方がだんだん身についてきます。

それからもう1つ、たとえばケーキとか揚げ物とか、**あからさまにカロリーが高くて太りそうなものも、決して禁止にしないでください**（好きじゃないから食べなくても平気、という方はもちろんいいのですが）。ただし**「3日ルール」をもうけること**。食べたいならケーキを食べてもいいんです。ただし、前後の3日以内は節制をする。いったん「昨日も食べちゃったし、もういいかしら」と自分を甘やかし始めると、どんどん歯止めがきかなくなりますから。でも、3日ルールを意識すると食べすぎは防げますし、週に2度は好きなものを食べられるのですからさほど辛くはありません。「しょっちゅうは食べられないから」とケーキを選ぶときに気合が入りますが（笑）、それも楽しみの1つでいいと思います。

無理はしない、ガマンはしない。ただ、たいして食べたくもないものは絶対に食べない。こうやって書くとあまりに当然のことに聞こえますが、ちょっと意識するだけで食生活がかなり変わります。自分の生活にいかにムダ食いが多いか、きっと愕然とするはずです。

エクササイズは「それ、楽しい?」が見極めポイント

『極上美肌理論』というスキンケアの本でもお話ししているのですが、エクササイズは人間にとって欠かせないものです。**キレイな肌や髪を育てるにもボディラインを整えるのにも、実は何らかのエクササイズが必要**です。摂取したカロリーや体についている脂肪は、じっとしていたら絶対になくなりません。「動いて、燃やして消費する」は、ダイエットの基本と言えます。エクササイズを何か取り入れること、これは大前提だと肝に銘じてください。

そして――数多のダイエット法を試した私だから言えるのですが――**ほとんどのエクササイズは、ダイエットの観点から見ると「正しい」**のです。たとえばランニングでもヨガでもダンスでも、探せば「これで私はやせました」という人が必ず見つかるはずです。どんなエクササイズでも歴史があり、続けている人がいるものには「これが体にいい理由」や「これでやせる理由」があります。「間違ったエクササイズ」「絶対にやせないエクササイズ」は、この世にないといっても過言ではありません。

でも、そう言われたら逆に選ぶポイントがなくなってしまいますよね。新しいエクササイズやカリスマトレーナーは次々に登場しますし、それぞれにメリットは必ずあります。

そこで、私がとっておきの方法をお教えしましょう。それは「何をやってもいい、でもとにかく楽しいものを！」です。**誰がやせたとか、理論的にどんなに優れているかという話は、すべて**

無視してかまいません。ひたすら「これをやって、私は楽しい？」かを自問自答してください。

すでにお話ししたように、ダイエットの鉄則は「続ける」です。そして、人間、無理は続かないものです。続けることにこそ意味があるのですから、自分にとって「楽しい！」と思えれば、どんなエクササイズでもいいのです。

一例ですが、私はときどき自宅でＺＵＭＢＡというダンスエクササイズをやります。きっかけは12歳になる娘がダイエットに興味をもち、「こんなのがあるよ！」と言い出したから。じゃあ一緒にやる？　とＹｏｕＴｕｂｅを観ながら踊ったところ、これがなかなかハードでしかも楽しい！　２人でキャッキャとはしゃぎながら踊っているうちに、ストレスや疲れも吹き飛んでいました。それ以来、どちらからともなく「ＺＵＭＢＡやる？」と誘い合って楽しんでいます。

ここで肝心なのは、ＺＵＭＢＡを皆さんにおすすめするつもりはまったくないということ。私や娘が楽しかったからといって、万人がそれを楽しめるわけではないでしょう。大切なのは、他人にとって効果があったかどうかではなく、「自分が楽しいと思える、趣味やライフスタイルに合った続けられるエクササイズを見つける」ことなのです。

No.15

脳を慣れさせる。「生まれつきの運動嫌い」はいません!

「私は山本さんと違って、運動が苦手だから……」なんて言われることがときどきあります。趣味がゴルフだったり、ハードなエクササイズをおもむろに始めたりする（笑）のでそう思われるようですが、私はスポーツ大好き！　というタイプではありません。多くの人と同じように、むしろ「運動って面倒くさい」と思ってしまいがちなタイプです。

でも、今の私は週2のペースでジムに通っています。取り入れているのは、軽い筋トレとゆったりしたスイミング程度ですが、こんな私でも続いているのだから、われながらすごい変化だと思っています。これはとあるドクターから聞いた話がきっかけでした。

人間の体には「今の状態を続けよう」とする習性があるので、運動を始めてもなかなか定着しません。**どんなエクササイズであれ、始めた当初は辛く感じられるのが常。けれど、それを続けているうちに、エンドルフィンというホルモンが分泌されるようになります**。

このエンドルフィンは〝脳内麻薬〟と呼ばれることもあり、気持ちよさや幸福感を喚起してくれる大切なもの。笑ったり瞑想したり、深い呼吸でも分泌されると言われており、私たちがハッピーに暮らすうえで欠かせないホルモンです。

運動大好きな人が「スポーツをやらないと気持ち悪い」「動かない日が続くとイライラする」なんて言っているのを耳にしたことはありませんか？　あれもエンドルフィンのなせる業《わざ》。運動をするとエンドルフィンが分泌されるため、楽しく続けることができるわけです。

とはいえ、運動をまったくやっていなかった人が何か始めた場合、最初からエンドルフィンが分泌されるわけではありません。けれど、定期的（週1～2回程度）に続けると分泌されるようになるのだそう。その目安はだいたい3ヵ月。ということは……そう、**運動を3ヵ月続けることさえできればこちらのもの！　脳が「運動って楽しい」「動くと気持ちいい」と感じるようになってくれる**ので、苦痛でなくなってくると言います。

運動が苦手という方は、ひとまず3ヵ月を目標に頑張ってみてください。「3ヵ月すぎたらやめてもいい」という程度の意気込みで大丈夫。続けているうち、次第に脳が「運動って気持ちいい」と思ってくれるようになります。

ただし、やっぱりポイントは「好きだと感じた運動をやる」ということ。たとえば私の場合は、流行ったときにさんざんヨガにチャレンジしたのですが、どうにも退屈で続きませんでした。

何を楽しく感じるかは人それぞれ。**あなたに合っている運動を、まずは3ヵ月続けてみてください。その先にあるのは、「頑張って運動する自分」ではありません。頑張らなくても、自然と運動に向かってしまう自分**です。

No. 16

体が変わると
心が変わる。
恋も仕事もうまくいく。
これホント!

仏教の世界では「心技一体」という表現があります。心にあるものが、外側の技術にも現れるといった意味合いでスポーツの世界などでもよく使われます。

でも、ダイエットに引きつけて言えば、絶対に「体技一心」、というのが私の持論です。**体が整ってくると、心もそれについていく。体に自信を持てるようになると、精神的にもタフになれる。**これは、何度も〝デブ期〟と〝やせ期〟を繰り返した私だから言えることかもしれませんが、絶対だと思います。

たとえば太っているときはおしゃれも楽しめませんし、体型をカバーすることばかり考えてしまいがちです。そういうときは心も後ろ向きというか、仕事にせよ人間関係にせよ、あまり積極的になれないのです。取材を受けても声が小さいし、話していても「説得力に欠けるなあ」と自分で思うことがたびたびありました。そうやって後ろ向きスイッチが入ってしまうと、どんどんネガティブなスパイラルに入ってしまうのです。ちょっとしたトラブルでも「ああ、うまくいかない……」なんてズドーンと落ち込んでしまったのを覚えています。

ところが、ダイエットがうまくいって「よし、やせてきた！」と思うと、気持ちまで上がってきます。ダイエットを始めるときは楽しいとか嬉しいといった気持ちは皆無ですが（当たり前ですね）、結果が出てくるとやる気もぐんとアップします。こうなればしめたもの。

まず、ダイエットが楽しく続けられます。退屈だったり苦しく感じたりするのは最初の数日間。体重が減る、体が軽く感じられるといった変化があると苦しさなんて吹っ飛んでしまいます。

でも、それよりもすごい変化は「自信が出てくる」ということ。**たかがダイエット、されどダイエット。何かを頑張って結果を出せると、自分を見直せるのです**。こうなると仕事だって積極的に取り組めるし、人前に立つのも怖くなくなります。体だけでなくフットワークも軽くなり、人間関係もどんどん広がり始めます。

また、仕事などでトラブルがあってもあまり動じず、笑って乗り越えるタフさが芽生えてきます。同じようなトラブルでも「やっぱりうまくいかない」といちいち過剰反応していた自分が嘘のように、「大丈夫、なんとかなるわ!」と思えるのです(そして、そんな気持ちで頑張れば、実際にうまくいくから不思議です)。

恋愛でも同じこと。体型に自信がないときは、いい雰囲気になった男性が腰に手を回してきても、「あ、腰は触らないで! お肉がのっかっててヤバいから!」なんて考えてしまいませんか? 自分に自信がないからコンタクトを積極的にとれなかったり、「誰か紹介するよ」なんて言われても気乗りしなかったり。「誰かいい人いないかなー」なんて言いながらも、文字通り腰が重くなってしまいがちです。けれど、「体技一心」な状態だと、接近戦も怖くなくなります。

明るくふるまえるから恋愛のチャンスも増えますし、そのことがますます自信につながります。

ダイエットだけではありません。仕事であれ、勉強であれ、あるいは「家をきちんと掃除する」といった家事などであれ、目標をもち、それを達成すると大きなパワーが生まれます。そして、目標をもって達成できる人は、すべてがうまくいくようになります。

そんな**ポジティブなスパイラルが始まるのだから、「体からの変化」はバカにできません。ダイエット、したくなってきませんか？**

第3章

若い体＝巡る体を手に入れる「やせルール」

03 Chapter

問題は姿勢から。土台＝肩の位置、骨盤をチェック！

私は日本人の美意識の高さは世界一だと、常日頃感じています。みなさんおしゃれで、きちんとメイクをして、スキンケアにも実にくわしい。でもそれと同時に、とても残念に思っていることがあります。それは**「姿勢の悪さ」**です。**肩が前に出て猫背ぎみの方がたくさんいます**。そうなると、せっかくのファッションも格好よく見えないのがもったいない！　私も自宅での子育てとオフィスでのデスクワークを繰り返しているうちに姿勢が激変しました。生活の基本動作が、ほとんどが「前」ばかりなのです。ＰＣに向かっているときもずっと肩が前に出た状態で、家でも子どもを前かがみになって抱き上げたり、授乳したり、遊んだり……。そんな毎日を続けているうちに、以前はなかった肩コリやむくみが出てきました。そう、気づいたときには、私も立派な猫背になっていたのです。

その後、必死にダイエットをして、やせたけれどキレイじゃなかったのは、すでにお話しした通りです。「育児やつれ？」なんて言われてしまった不健康な印象の原因のひとつには、姿勢もあったでしょう。ある日、街中でウィンドウに映った自分の立ち姿を見て青ざめました。背中は丸く、やせているのにお腹はぽっこり。呼吸は浅く、息をするたびに小さく肩が上下しているような状態でした。

こういったときは、「いけない、姿勢をよくしなくちゃ！」と慌てて背筋をピンと伸ばしがちです。でも、これでは背骨の自然なS字カーブに逆らってしまい、下半身の歪みはそのままになってしまいます。問題は実は上半身ではありません。**土台＝下半身のバランスがよければ、上半身は自然と整ってくる**のです。

そこで**意識したいのが「骨盤」と「肩の位置」**です。**日本人のほとんどは骨盤が後傾している「猫背」か、前傾している「反り腰」**です。実は、正しい姿勢をとれている人はごく稀なのです。まず、自分の姿勢をチェックしてみましょう。

鏡を横にして立ちます。自分の姿を映したとき、耳と肩、ひじ、かかとは一直線のラインになっていますか？　耳やひじが体の前にあるという方は、立派な猫背です。今度は、壁を背にしてぴったりと体をつけてみましょう。このとき、腰と壁の間に手のひらを入れられますか？　手がするりと入ってしまうという方は反り腰です。スポーツをやっているという方、姿勢をよくしなくちゃという意識の高い方には比較的反り腰が多いようです。いずれにせよ、どちらのタイプも腹筋が使えていないためにお腹がぽっこり出て、呼吸が浅くて巡りが悪く、体は冷えがち。脊柱起立筋というコアの筋肉がさぼるため、基礎代謝も落ちてしまいます。

逆に、**姿勢がよくなると「やせたように見える」という視覚効果もありますし、なんと基礎代謝が20％アップ**するという報告も。30分だらっと座るのと正しい座り方をするのでは、4・3kcal

も消費カロリーに差が出るといったデータもあります。たかが姿勢、されど姿勢。

　こうやって考えると、辛い食事制限や苦手な運動をするよりも、姿勢を美しく保つほうが近道だと思いませんか？

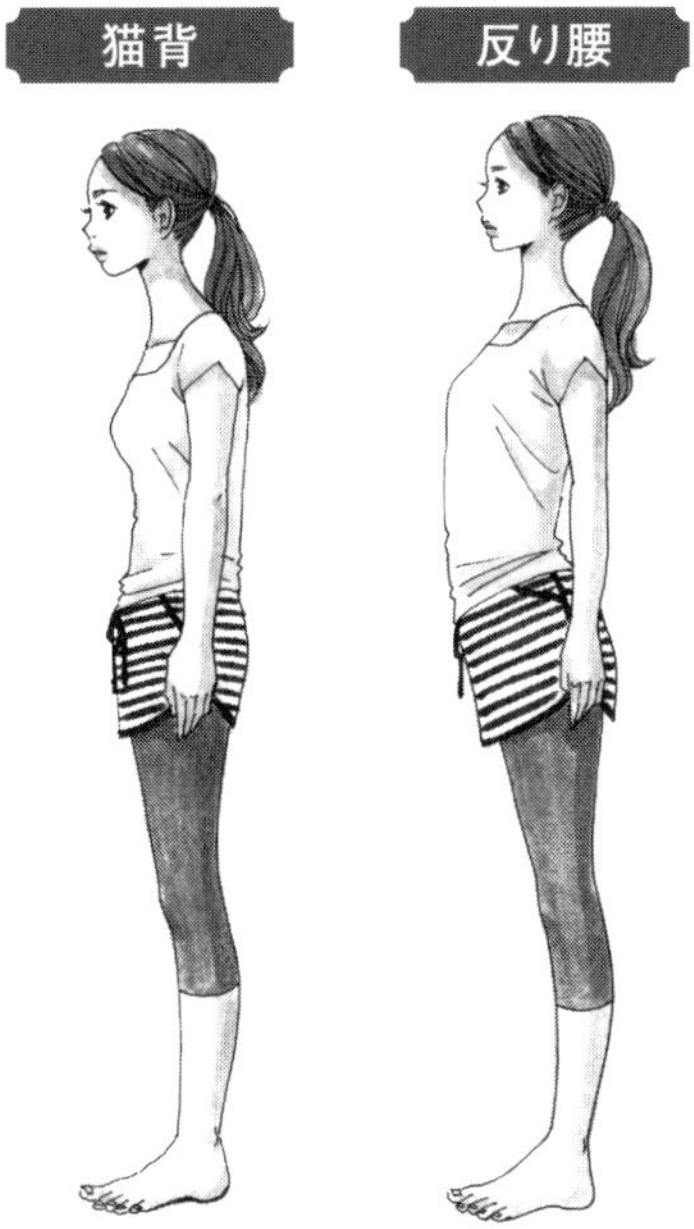

反り腰とそのチェック法

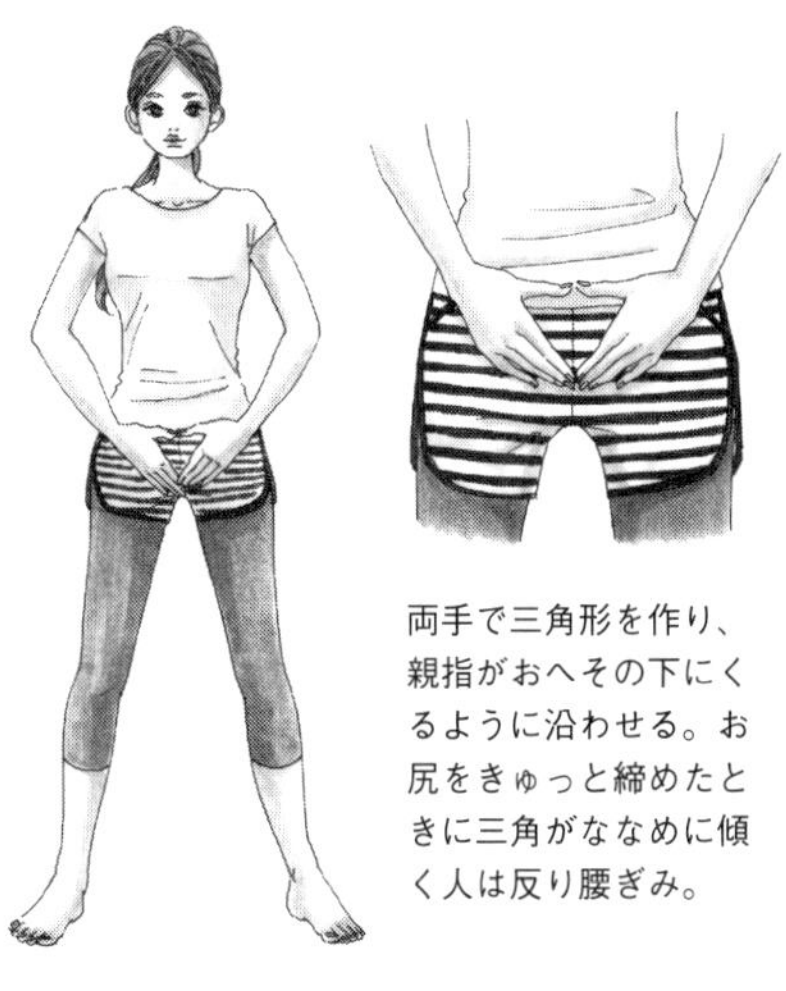

両手で三角形を作り、親指がおへその下にくるように沿わせる。お尻をきゅっと締めたときに三角がななめに傾く人は反り腰ぎみ。

No.18

即効のやせ見え効果も！ 正しい立ち方とは？

ここで1つ、テストをしましょう。普段と同じように立ってください。そして、体はそのままで、首だけを傾けて下を見てください。さて、足はどのくらい見えましたか？　足の甲が見えなかったという方は、腹筋がさぼりまくっていて骨盤が後傾しています。お腹がぽっこり出ている、いないにかかわらず、背中が丸まって腰が前に突き出ているため、足が隠れてしまうのです。

そういった方は、下腹部に手を添えて、足の甲が見える位置までお腹を後ろにぐっと押してください。肩や頭を無理に反らせなくても、これでぐんと姿勢がよくなります。次に、あごをぐっと引いてください。イメージとしては、テニスボールをひとつあご下にはさむような感じ。どうでしょう、これだけでずいぶん姿勢がキレイになったのではないでしょうか？　この姿勢で、お腹に添えた手を意識しながらゆっくり深呼吸してみてください。普段よりたっぷり息が体に入ることに驚くはずです。

では、次のテストです。自然な感じで歩いたときの、横から見た姿をチェックしてみてください。いちばん前にあるのは胸ですか？　お腹ですか？　胸が出ていると一見姿勢がよさそうですが、これは反り腰の典型。胸とお尻が突き出るためメリハリボディ風に見えますが、これでは腰に負担がかかるし、実は腹筋が使えていません。

反り腰の方は、壁を背にして立ってみてください。その状態で深呼吸をします。息を吐くときにお腹を引っ込め、腰と壁の隙間が埋まるようイメージしてください（実際に壁にぴったりつかなくても大丈夫です）。そしてお尻に力を入れます。この姿勢で深呼吸を数回やるだけでも、反り腰が意識できて姿勢がだいぶ変わります。

姿勢が正しければ脊柱起立筋やハムストリングといった大きな筋肉が使われ、それによって基礎代謝がアップします。また、**たっぷり取り込んだ酸素が全身を巡りますから、全身の細胞レベルでのエネルギー消費も上がります**。

「エレベーターに乗ったときは、壁に背をつけてみる」などマイルールを決めるのもおすすめ。一日に何度か姿勢をチェックする機会ができるので、だんだんと美しい姿勢になります。

立ち方のチェック法

Column 3

5秒で「1サイズ細く見える」骨盤の魔法

　正しい立ち方は、常に意識して少しずつ正していくのがポイント。そこで、私が「信号待ちエクササイズ」と呼んでいる方法をお教えします。お尻とお腹に力を入れて骨盤をまっすぐにして立ち、太ももやお尻の筋肉を中心に集めます。このとき、お尻のほっぺを寄せるイメージで、外から内へと回転させるように行う（＝外旋させる）のがコツ。日頃さぼりっぱなしな太もも内側の筋肉（内転筋）をぎゅっと寄せ、太ももの隙間、膝の隙間、ふくらはぎの隙間をなくすようにしてみましょう。すると外側重心だった下半身が内側に集まり、骨盤が正しい位置に戻って、まるで1サイズ細くなったかのようにシルエットが変わるんです！　下半身が安定するので上半身の余計な力が抜け、肩や首もラクになります。ぜひ日常に取り入れてみてください。

「座る」は
百害あって一利なし。
正しい座り方をマスター

アメリカのビューティ・ヘルス市場でブームになっていることの1つに、「立つ」というトピックがあります。「座りすぎは健康に悪い」と言われるようになり、今ではなんと「スタンディングデスク」という、立ったまま仕事ができる机まで登場したほど。座り時間が長い人ほどうつ病のリスクが上がる、死亡率が上がるといった説も。スタンディングデスクを導入した小学校で授業での集中度がアップしたという報告もあり、まだまだ「立つ」ブームは続きそうです。

実際に健康にどこまで影響があるかはまだ研究半ばといった印象ですが、**座りっぱなしがよくないのは事実。血流が妨げられ、前のめりになりがち**（特にパソコンに向かっていると、頭ががくんと前に落ちますよね）。なので、**首や肩にも負担がかかります**。お尻がつぶされて扁平になったり、お腹の筋肉がダルダルにゆるんでしまったりと、美容の観点から見てもいいことはありません。

だからといって、「じゃあ、私もスタンディングデスクを！」と焦る必要はありません。**私たちアジア人はお尻の筋肉が弱いので、白人や黒人に比べて「立ったまま」が苦手で疲れやすい**のです。ロンドンに住んでいるとき、よく立ち飲みパブに友人たちと連れ立って行ったのですが、アジア人はすぐに疲れてしまう。ヒップがキュッと上がった白人や黒人は、「立ったまま」が得意ですが、私たちがそれを真似するのはかなり難しいもの。無理に立つ訓練をするより、「正し

正しい座り方

NGな座り方

く座る」を心がけたほうがよさそうです。

正しく座るポイントを3つ、お教えしましょう。**①まず坐骨を立てること**。座って、椅子とお尻の間に手を入れると大きな骨に触れると思います。これがまっすぐ立つように意識しましょう。次に、**②頭を背骨にのせること**。頭が前に落ちていると背中や首に多大な負担がかかります。頭がきちんと背骨にのると、肩コリが驚くほど軽くなります。パソコンをよく使う方なら、パソコンをテーブルではなく、少し高い台にのせるのもおすすめです。そして最後に、**③背中を背もたれに預けないこと**。背中を椅子に預けると骨盤が後傾し、お腹に力が入らなくなります。

自分の力を使って上半身を立てていれば、骨盤も正しい位置におさまります。この3つのポイントに注意すると、夕方のむくみが激減。同時に呼吸も深くなるので集中力もアップします。

座りっぱなしを防ぐという意味ではこまめに立つのもおすすめ。コピーを部下に頼むより、立って自分でやるほうが体にはプラス。ゴミ箱が足もとにあるという方、あえて遠くにおいて「捨てるために立つ」クセをつけてみては？　こういった工夫の積み重ねがむくみ予防に役立ちます。

もう1つ、飛行機に乗る機会が多いという方にアドバイス。飛行機のシートは基本的に西欧人の体に合わせて作られているので、アジア人があの椅子に体を預けると背中が丸まり、骨盤も後傾してしまいます。そんなときはブランケットやタオルをたたんで、座面の後ろ側にしいてから座りましょう。お尻がすっぽりと収まり、骨盤が傾くのを防いでくれます。

正しい座り方を手っ取り早く知りたい！という方は、道具を利用しても（下）。こうした小さな努力の積み重ねが、巡りのいい体を育ててくれるのです。

Recommend!

正しい姿勢をサポート！

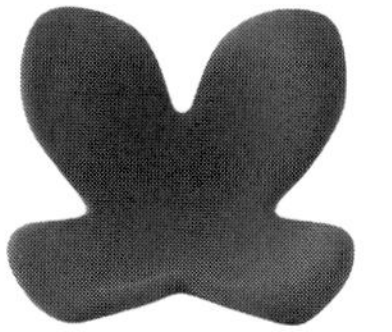

ボディメイクシートスタイル
¥7800／MTG 全5色
カイロプラクティックの視点により、「正しい姿勢」を習慣化。座るだけで体の歪みを正し、不調の改善をめざす。オフィスの椅子、家のソファ、床にそのままなどどこでも使える。

「脂質は太る」は嘘!?
体脂肪を落とすなら
ターゲットは糖質!

私は「ダイエット中なの」と言いながらもチーズや油をたっぷりかけたサラダをいただくことが多く、周囲に「それ、食べていいの？」と心配されることがあります。でも、いいんです！

「脂質は太る」「カロリーを抑えるべし」という思い込みはまず捨ててください。

ダイエットに詳しいドクターたちの間では、よく「**脂肪（オイル）は体重に、糖質は体脂肪になる**」といった表現をします。さあ、あなたはどちらを選びますか？　私は、体重（＝測った数字）よりも見た目の美しさ（＝体脂肪率）を選びたいです。人に言わなければわからない体重の増減よりも、ぱっと見たときのキレイさのほうがいいに決まっています。であれば、**ダイエットのターゲットは体脂肪＝糖質に絞るべき**。筋肉は脂肪よりも重いので、場合によっては「体重は増えたのに細く見える」ということもあります。脂肪の体積は筋肉の1・22倍もあり、これが減って筋肉に変われば、体重は増えたけれど細くなっている、というのは当然なのです。

ちょっと面白い実験があります。大学生に、100ccのオリーブオイルを2週間、毎日飲ませたのだそうです。もちろん、そのほかの食事は普段と一緒。脂質の一日摂取量目安は50g程度ですから、普通に考えればかなりのカロリーオーバーです。ところが、2週間後に調べたところ、体重も体脂肪も増えた人はいなかったのだそう。余分な脂質は案外、排出されやすいのです（といっても、"いい油"と"悪い油"があるので種類には注意！　くわしくはP114参照）。

そんな脂肪と比べると、糖質には体に蓄えられやすいという性質があります。脳を動かす大切なエネルギー源は糖質（＝ブドウ糖）ですから、体は逃すまいと糖質を細胞内にどんどん取り込みます。そして悲しいことに現代人の食生活は糖質過多ですから、たいてい余ってしまう。でも、せっかく取り込んだ糖質を捨てるなんてもったいないことを体はしません。P61でもお話ししましたが、私たちの体は食べ物が乏しかった太古の時代のメカニズムにのっとってできています。余分な糖質があれば、来《きた》たるべき氷河期時代に備えて、それを脂肪に変えて溜め込むのです。体脂肪のほとんどは、こういった糖質がモトだと言われています。

しかも**糖質を摂っているうちは、体についた脂肪は燃えません**。逆に糖質の摂取を制限すると、体は脂肪をエネルギー源にして、たんぱく質からブドウ糖を作り始めます。つまり、体についた脂肪が燃やされるのです！　運動も大切ですが、運動で消費するカロリーだけで摂取カロリーを上回るには、アスリート並みのメニューをこなさなければなりません。それに比べると、糖質を制限するだけで脂肪が燃え始めるというのははるかに簡単でおトクではないですか？

油は肌のツヤにも細胞の膜にも、そしてホルモンにもなる重要な栄養素です。女性ホルモン分泌量が減り、皮脂の油分も減る30代以降の女性なら、たっぷり摂っても大丈夫。見た目重視のダイエッターなら糖質のコントロールを。それこそが効率よく成功するダイエットの鍵なのです。

Column 4

糖質オフの敵？　お酒とのつきあい方

脂質ではなく糖質を減らそうと思ったときに、ハードルとなるのがお酒。お酒好きの人にとっても、そしてお付き合いの場でも辛いものです。乾杯すらもできないのは困りますし、飲んでいいお酒、避けるべきお酒は頭の中に入れておきましょう。

NG（糖質の含有量が多い）……日本酒、ビール、シャンパン、甘口のワイン

OK（低糖質）……焼酎、ウイスキー、辛口のワイン（赤・白）

お酒の種類が何であっても、お水はしっかり摂りましょう。アルコールを分解するときに、体は多量の水を必要とします。これが不足すると血液もドロドロになりますし、むくんでしまうもの。たっぷり水を飲むことは翌日の二日酔いもむくみも防げ、一石二鳥なのです。

正しく効率的な「ゆる糖質オフ」がベストな方法

「食べ順ダイエット」とか「糖質オフダイエット」は、チャレンジしたことがある方も多いと思います。そのとき、「GI値が低いほうがいい」「低カロリーなら太らないわけではない」といったキーワードを耳にしたのではないでしょうか。ただ漠然と血糖値をコントロールすると言われても、なかなかイメージしづらいですよね。その仕組みを正しく知って自分の食生活を見つめ直すと、前項で提案した「ゆる糖質オフ」もより効果的に行えます。

私たちの体は、糖質や脂質をエネルギー源としています。中でも、糖質がより細かくなったブドウ糖は体内の吸収率もよく、人間のエネルギー源としてぴったり。受験生用のサプリなどはこのブドウ糖がメインで、脳を動かすモトとしても知られています。

摂取された糖質は胃腸で分解され、ブドウ糖となって血中に取り込まれます。このブドウ糖をエネルギー源として細胞に届けるのが、インシュリンというホルモンです。食事をして血糖値が上がるとインシュリンが分泌され、エネルギーを取り込むというわけです。それでも使い切れないブドウ糖が血液中に残ると、インシュリンはそれを脂肪細胞に送り込んでしまうのです。

つまり、余分な糖はインシュリンの働きで脂肪として蓄えられてしまい、また、インシュリンは脂肪の分解を抑制する働きもあるため、脂肪が減りにくいということにもなります。

ですから、**単純に「糖質の摂りすぎがダメ」なのではなく「血糖値の急上昇がダメ」なので**

す。そして、**「血糖値の上がりやすさ」の目安となるのが、「GI値」。高いと血糖値が上がりやすく、低いと上昇が穏やか**と言えます。たとえば、カロリーとして同じでも、消化・吸収しやすい白米に比べ、ゆっくり消化される玄米のほうがGI値が低く、より脂肪が蓄えられにくいベターな食物だと言えます。また、同じ果物を摂るのであれば、ジューサーで繊維を取り除いたさらなジュースよりも、そのまま食べるほうが低GI値になります。

ゆるい「糖質オフ」をするにあたっては、このGI値にも気をつけるとより効果が出やすくなるので、次ページを参照して食材選びをするとよいでしょう。

それから、美容を気にする女性であれば、血糖値が急に上がることのデメリットも知っておきたい。血糖値が急に上がると、血液中に余った糖がたんぱく質と結びつき、老化を促進する物質（AGE）が生まれてしまいます。これは顔のくすみ、黄ばみといったことを引き起こして美肌を損ねるだけでなく、血管や細胞膜にダメージをもたらす要因にもなります。

糖質は私たちの体に欠かせないエネルギー源ですが、こういった理由から**「血糖値を急激に上げないこと」はダイエットのためにも、美肌のためにも大切なポイントとなるのです**。

GI値の高い食品、低い食品

GI値が**低い**食品	・海藻類(のり、わかめ、もずくなど) ・きのこ類 ・葉もの野菜 ・肉類 ・魚介類 ・豆類 ・発酵食品(納豆、キムチ、漬け物など)
GI値が**高い**食品	・いも類 ・かぼちゃ ・パン ・白米 ・餅 ・パスタ ・うどん ・果物 ・お菓子類(ケーキ、クッキーなど)

わかりやすい見分け方としては「白いもの」を避けるようにましょう。砂糖で言うと、精製度の高いグラニュー糖よりはメープルシロップやはちみつなどのほうが、GI値が多少低くなります（糖質であることには変わりはありませんが)。玄米より白米、全粒粉のパンより白いパン、というように白砂糖や精製された小麦粉でできたものは、ほぼGI値がより高いと思って間違いありません。

No.22

食べる順番を変えるだけでやせられる？

すでにお話ししたように、「血糖値が急激に上がる」というのはダイエットの大敵。仮に同じカロリーを摂るのでも、時間をかけて血糖値が徐々に上がるようにすれば、かなり太りにくくなります。必要な栄養をきちんと摂り、食べたいという気持ちも満足させられるハッピーな知恵として、「食べ順」はぜひ意識すべき。ぜひ毎日の食事のときに活用してください。

まず**最初に摂るべきは、みそ汁やスープといった汁物**です。水分が多いものを摂って空腹感を落ち着かせましょう。和食の食べ方で「まずは汁物で箸の先を湿らせて」というのがマナーになっていますが、これはダイエット的にも理にかなっているんですね。

汁物をいただいたら、**次は食物繊維**の出番です。繊維質が多いものほど消化されにくく、GI値が低いからというのが理由です。家ではもちろん、お店でも野菜や海藻などをまずいただきましょう。特に生の野菜は酵素も摂れますし、よく噛むので満足感も生まれます。

その次にいただくのはたんぱく質。肉や魚、豆類といったたんぱく質は毎食しっかり摂るべき栄養素です。片手のひら一杯分くらいを目安に、よく噛んでいただきます。ここまで食べるのに20分以上かけていれば、だいぶ満腹感が出ているはず。もし食べるのであれば（おすすめはしませんが）、炭水化物はこの後に！　また、**炭水化物を食べるのであれば、繊維質のものを組み合わせて血糖値の上昇を防ぐのも手**です。たとえばご飯を食べるなら、玄米がベスト。白米だとしたら、菜飯にしたり納豆を組み合わせたり、と繊維をプラスするだけで吸収のスピードはゆるやかになります。乳酸菌が豊富なキムチやぬか漬けを合わせるのもおすすめです。

こうやって食べ順を意識すると、インシュリンの分泌量がかなり減らせるので太りにくくなります。**同じものを食べてもインシュリン分泌が⅔程度に抑えられる、なんて報告も**あるほど。

また、食べ順を意識するようになると、メニューの選び方も変わってきます。たとえば丼ものよりは小鉢のついた定食のほうがよさそうだなとわかりますし、パスタ一皿で完結するランチはいかにもダメそうだと判断できます。また、万が一トンカツ定食を食べるようなシーンがあっても、「まずはキャベツをゆっくり食べて、トンカツやご飯はそれから」とコントロールができるので、外食のときもいろいろ応用するようにしましょう。

考えてみたら、食べ順は昔から伝わる食べ方（コース料理や会席料理）と基本原則は同じ。食料が限られていた昔の人が「少ない素材で満足感を得よう」と編み出した知恵を、現代の私たちが活用しているにすぎません。即効性こそありませんが、1ヵ月、2ヵ月と続ければ確実に変化が出る「食べ順」。お得で簡単な知恵なので、ぜひ取り入れてください。

Column 5

ひと口20回！「デブほど早食い」と心すべし

ダイエットのためには「ひと口30回嚙むといい」と言われますが、「よく嚙む」はただのおまじないではなく、ちゃんと理論的な背景があります。咀嚼するとホルモンが分泌されるのですが、ダイエットに重要なのは2つ。1つは満腹中枢を刺激してくれるヒスタミン。嚙めば嚙むほど分泌量が増えるという特性があり、よく嚙むほうが早くお腹いっぱいになれます。もう1つがレプチン。満腹中枢を刺激しつつ「脂肪を燃焼せよ」という指令を送ってくれるありたがい存在です。ただしこのレプチン、分泌されるまでに20〜30分かかるのです。ちょっとしたランチなら、それくらいの時間で食べてしまっていませんか？　それでは満腹中枢に刺激が届く前に食べ終わり、過食傾向になってしまいます。よく嚙んで時間をかけてきちんと味わえば、レプチンが働き始めて、少量の食事でも満足できるようになります。

とはいえ、実際にやってみるとわかるのですが、「ひと口30回」の咀嚼はなかなかに面倒です。私はちょっと端折って「ひと口20回嚙む」と決めています。20回でも十分に効果はあります。ぜひ習慣にしてみてください。

脂質はカットせず、燃やす体質に

食事制限をしたら、肌や髪がバサバサになってしまった――そんな経験があるのは、私だけではないでしょう。友人のモデルは食事コントロールを頑張っていたら、ファインダーをのぞいたカメラマンに「油分、抜いてない？」と当てられたことがあるとか。それくらいに油分は肌や髪の美しさに関係していますし、抜いたときは見た目にばっちり現れてしまうものなのです。揚げ物などの酸化した油は控えていただきたいのですが、**アマニ油や、魚に含まれるオイルなどはむしろ積極的に摂るべき**。肉もたんぱく質や鉄分を摂れる重要な食材ですから、肉の脂にはあまり神経質にならなくてもいいと思います。また、体脂肪率が18・5％を切ると婦人科系に支障をきたすと言われています。油分不足は美容にも健康にもよくありませんから、「油はいっさいダメ」という考え方は頭から追い出してしまいましょう（摂るべき油、おすすめできない油については、P114〜を参照してください）。

「でも、すでに体に脂がついてしまっているのに……」という人も、油抜きダイエットは絶対にやめてください。その代わりにおすすめしたいのが、「基礎代謝を上げる」という方法です。**体が蓄えてしまった脂は、燃やせばいいんです**。何もジムでバリバリと筋トレをする必要はありません（できる方はもちろんやってください！）。それよりも、姿勢を正す、呼吸を深くするといった「毎日当たり前に行う動作」をブラッシュアップしましょう。

そういった姿勢や簡単なストレッチは当然行うという前提で、ここでは**「寝ているだけでもエネルギーを燃やす力＝基礎代謝」を上げる食事**について考えていきます。

まず摂りたいのは、**「代謝のビタミン」と呼ばれるビタミンB群**です。ビタミンというと野菜を思い出しがちですが、レバーや卵、牛乳などの動物性食品にも豊富に含まれています。糖質の代謝を促すならビタミンB_1豊富な豆類や緑黄色野菜を、脂質の代謝を促すならビタミンB_2豊富なレバーや卵、納豆などもいいでしょう。

食事で注意するのが一番とは思いますが、私がみなさんにおすすめしているのはサプリメントの併用です。というのは、今どきの野菜は含まれる栄養が著しく減っているから。ハウス栽培だったり肥料で大きくしていたりするために、今どきの野菜に含まれる栄養素は昔のそれよりかなり減っているのです（「日本食品標準成分表」のデータによれば、50年前と比べると、たとえばほうれん草のビタミンCはなんと1/5！）。現代は、旬に関係なくさまざまな食材が楽しめる反面、オフシーズンに栄養の乏しい野菜を口にしているという側面も。こういったリスクを踏まえると、サプリでビタミン類を補うのはマストだと言えます。

もうひとつ気をつけたいのは、たんぱく質。現代的な食生活では、実はたんぱく質がかなり不足ぎみ。摂れていると思っていても、全然足りていないケースがほとんどなのです。

たんぱく質摂取が難しい例をひとつあげましょう。体重40kgの女性は、一日に40gのたんぱく質が必要とされています。これはもちろん、「40gのお肉を食べればいい」というわけではありません。納豆1パック、卵1個に含まれるたんぱく質はおよそ7〜8g。豚バラ肉100gでもたったの14g程度。こうやって考えると、食事をしっかり摂っていてもたんぱく質が不足するのがわかりますよね。ランチでパスタやそば、パンとサラダなどを食べることは多いと思うのですが、たんぱく質がほとんど摂れていない場合もあります。だいたい〝**毎食、片手ぶんのたんぱく質を**〟というのが目安として言われますが、朝、昼、夕食すべてにおいてそれだけ摂れているとは言いがたいのが現状でしょう。

たんぱく質が不足すると、筋肉が落ちてきてしまいます。年齢が上がると運動量も減ってしまいますから、さらに筋肉が衰えてしまうことに。私は、筋肉量を維持するためにプロテインを摂ることは悪くないと思っています。ずっと摂り続ける必要はありませんが、栄養が不足しがちなダイエットモードのときにプロテインを補うことは、筋肉を増やすには便利です。

運動が大事なのはもちろんですが、食を通じて〝燃えやすい体〟を育てることにも注目を。**寝ているだけでも脂肪が燃える体になれると同時に、肌や髪もピカピカになりますよ**。

No.24

いい油vs.悪い油。キレイにやせる油選びとは?

「脂質は体重、糖質は体脂肪」というのがダイエットの基本。脂質＝油は肌や髪のツヤを生み出したり、私たちにとって大切なホルモンを作り出してくれるので、制限しないというのがポイントでした。ダイエットサプリには、「油をすべてカットする」タイプのものがあるのですが、たとえばビタミンAやD、Eといった大切なビタミンまでカットされたらたまりません！　ダイエットサプリを選ぶ場合には、「糖質だけ」をカットするタイプを選んでください。

そしてもう1つ、**大切なポイントが「油の種類を見極める」**ということ。**油ならなんでもいいわけではなく、キレイのために必要な油と、そうでない油があります**。最近「オメガ3」という言葉がよくテレビや雑誌でも使われているので、耳にされたことがあるかもしれません。これは、私たちの体で作ることができない「不飽和脂肪酸」のうちの1つ。体内の炎症を抑える働きもあるのでアンチエイジングには欠かせない油で、アレルギーを抑えたり、頭の働きをよくする効果もあると言われています。そんな大切な**オメガ3を含む食品としては生の青魚（イワシやアジ、サンマ）、くるみ、シソ油、アマニ油、エゴマ油、チアシードなど**があります。

……この食品群を眺めて「ここ1週間、これらを摂ってないわ」という方も多いのではないでしょうか？　実は私もそうでした。たとえば、料理をするときによく使っていたのはサラダ油やゴマ油。これらは「オメガ6」というグループで、体では作り出せない大切な油ではありますが、現代的な食生活では過剰に摂ってしまいがちなもの。オメガ3とオメガ6のバランスは1：4が適正とよく言われますが、日本人の典型的な食生活だと1：10くらいになってしまうのだそう。オメガ6が過剰だと体内の炎症が進み、肌や血管の老化が促されたり、アレルギーが悪化したりといったトラブルが起きてしまうのです（ちなみに、もうひとつ「オメガ9」というグループがあり、オリーブ油はここに含まれます。加熱に強く悪玉コレステロール値を下げる働きもあるので、調理用の油としておすすめ。現代的な生活で摂りすぎたり不足したりといった問題はない油なので、ここでは詳しく触れません）。ですから、**「オメガ6の過剰摂取を抑える」と「オメガ3を積極的に摂る」の2つを、同時に行う必要がある**のです。

ここで肝心なのは、オメガ3が熱に弱いという特徴です。アメリカでは冷蔵で売られているほどですから、加熱調理に使うのはもってのほか（それに、オメガ3系の油は高価なので、加熱してしまってはもったいない！）。**エゴマ油やシソ油、アマニ油のいずれかを冷蔵庫に常備して、サラダにかけたり、スプーン1杯くらいをそのままいただくのがおすすめ**です。ヨーグルトやスムージーをいただくときに、少しプラスするのもいいですね。また、温かいスープ類でも、食べる直前にかけていただくのであれば問題ありません。最近はオメガ3系のサプリメントもたくさん登場していますから、忙しい方であればそれを利用するのもいいでしょう。

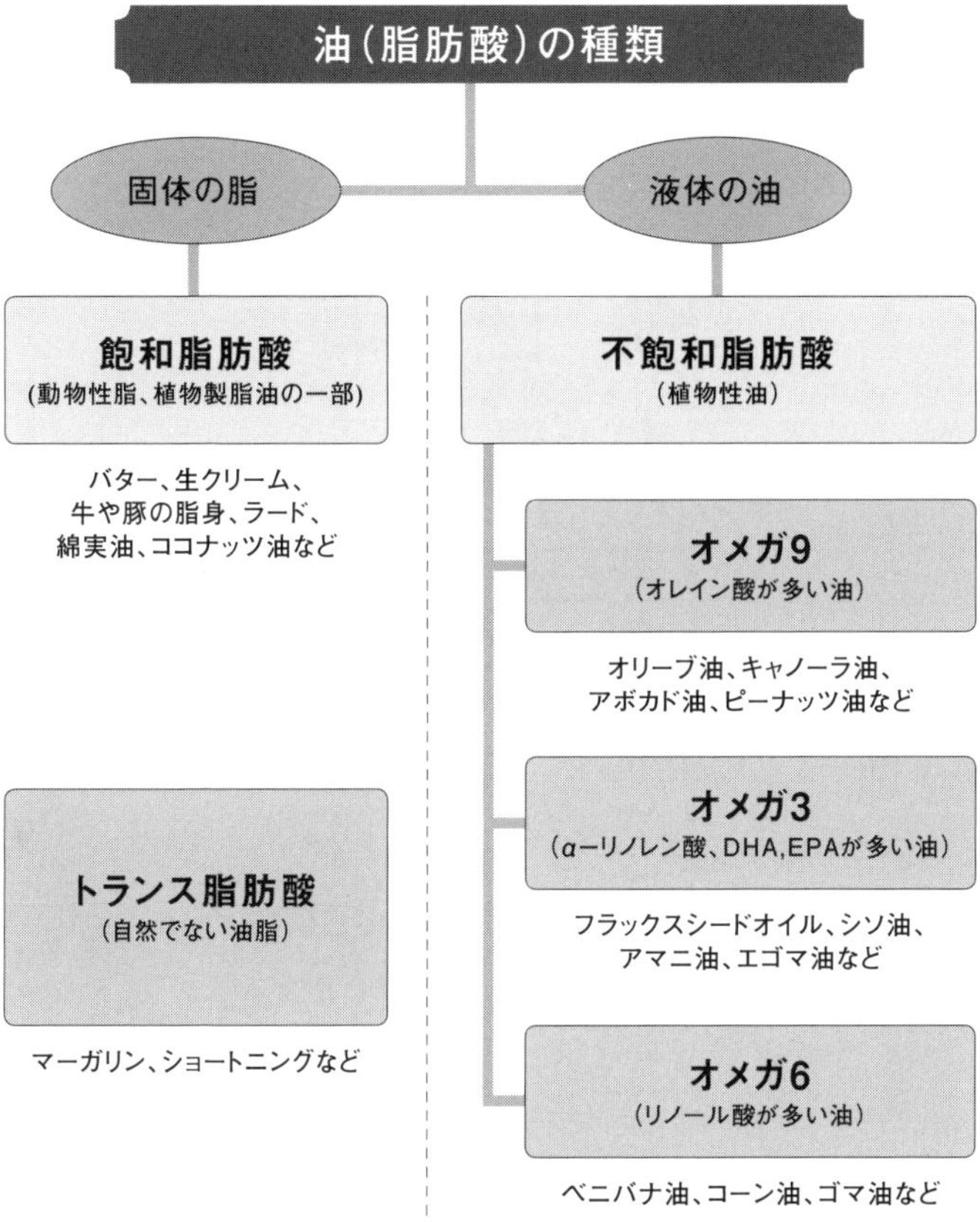
油（脂肪酸）の種類
固体の脂
飽和脂肪酸
(動物性脂、植物製脂油の一部)
バター、生クリーム、
牛や豚の脂身、ラード、
綿実油、ココナッツ油など
トランス脂肪酸
（自然でない油脂）
マーガリン、ショートニングなど
液体の油
不飽和脂肪酸
（植物性油）
オメガ9
（オレイン酸が多い油）
オリーブ油、キャノーラ油、
アボカド油、ピーナッツ油など
オメガ3
（α—リノレン酸、DHA,EPAが多い油）
フラックスシードオイル、シソ油、
アマニ油、エゴマ油など
オメガ6
（リノール酸が多い油）
ベニバナ油、コーン油、ゴマ油など

飽和脂肪酸はコレステロールを増やし、動脈硬化の原因となります。また消化に時間がかかるので、脂肪として蓄積されやすいという性質があります。オメガ３系の不飽和脂肪酸は、中性脂肪を下げる働きがあり、体の発育や成長に必要な脂。ガンを防ぐ効果もあると言われ、皮下脂肪として溜まりにくい。オメガ６、９系の不飽和脂肪酸は、血液中の悪玉コレステロールを減らす働きがあり、代謝の働きを助ける性質がある一方、摂りすぎは動脈硬化の原因にも。オメガ３と６は体内で合成できないため、「必須脂肪酸」と呼ばれ、食事から摂る必要があります。逆に飽和脂肪酸は、体内で合成できるため、必ずしも食事から摂る必要はありません。

摂るべき酵素を見極めて燃焼体質に！

ここ何年もブームになっているので、美肌やダイエットのために酵素アイテムを摂っている方も多いのでは？　せっかく摂るなら「意味ある酵素」を選びましょう。

まず知っておいていただきたいのは、**酵素は大きく分けると2種類ある**ということです。**「代謝酵素」と「消化酵素」**です。代謝酵素はエネルギーを作り出したり肌や髪、臓器のモトを作ったり、ホルモンを作ったりします。生命活動の基本を担っている重要な酵素ですし、肌や髪をキレイにするのにも大切な役割を果たしています。そしてもう1つの消化酵素が、食物を分解するときに働いてくれるもの。唾液や胃液、膵液、腸液など消化器官から分泌される液体には、この消化酵素がたっぷり含まれています。

この「代謝酵素」と「消化酵素」には補完性があり、酵素栄養学の権威、エドワード・ハウエル博士によると、酵素全体を100とした場合、代謝酵素が95、消化酵素が5くらいが標準とされています。そして、消化酵素が足りない！となると、代謝酵素を消化にまわすことができるのです。

ということは、毎日食べすぎていたり、肉類や脂質など消化しにくい食品を多く摂っている人は、酵素が消化に回されがちになります。でも、「人の酵素力は一定」でしたよね？　つまり、**代謝酵素が減ってしまい、エネルギー産生が減ったり（＝燃えにくい体質に）、肌や髪の代謝が**

滞ったり（＝肌荒れや白髪などに）してしまうのです。限られた酵素を消化でムダ遣いしてしまい、基礎代謝が落ちたり見た目が老けてしまったりするわけです。

これを防ぐために私たちがとれる手段は2つ。**1つは腹八分目を心がける**こと。「お腹いっぱい！」と感じるまで食べているとき、代謝酵素が消化酵素を応援している可能性大。カロリー過多になるのはもちろんですが、「やせにくい体」にもつながるので、日頃から腹八分目にとどめることは大切です。それからもう1つが、**消化酵素を食事から積極的に摂る**ということ。消化酵素は生の野菜や果物にたっぷり含まれています。一時期、「食事の前にフルーツを食べる」なんてダイエットも流行りましたが、消化酵素を摂るという意味では一理あります。ポイントは、火を通していない、生のものを摂るということ。サンマに大根おろしを添えたり酢豚にパイナップルが入っていたり、というのは理にかなっているわけです。「糖質は減らすべきだけれど、生のフルーツは積極的に摂るべし」というのは、この消化酵素を摂るため、というわけです。

ちなみに、酵素の使われ方の目安として「白髪が出ているかどうか」というのがあります。酵素は生命活動の維持に大切なところから使われていき、なくても命に別状ないところから削られていきます。酵素を消化でムダにつかってしまっていると、髪を黒くするといった、なくても問題ないところは手を抜かれてしまうわけです。

トマト1個、みかん1個でも構いません。できれば毎食、どこかに生のものを入れて消化酵素を摂るようにしましょう。その分、代謝酵素がしっかりと働き、体についた脂肪が燃えやすい体質になれます。

当然、便秘も大敵。美腸におすすめのサプリ&アイテム

私はかつて、便秘薬がないとお通じがないほどのガンコな便秘体質でした。でも、いったん薬に頼るとどんどん量が増えてしまいますし、自分の力で排泄できなくなってしまいがち。私が**便秘を克服できたのは、ひとえに「菌活」のおかげ**です。

まず大切なのは、**「さまざまな種類の菌を摂る」**ということです。ヨーグルトやぬか漬け、納豆、キムチ、みそ、チーズといった発酵食品は善玉菌の宝庫。必ず数種類を冷蔵庫に常備しましょう。このとき、使われている菌が腸まで届くタイプであるかどうかと共に、「甘み」を何でつけているかもチェック（糖分不使用のものがベターですが）。もしも「果糖ブドウ糖液」と書いてあったら、その食品はおすすめできません！　果糖ブドウ糖液は砂糖よりも安く、甘みは強いのに満腹中枢は刺激しない糖分なのでダイエットの天敵なのです。ならば、腸内の善玉菌を増やすオリゴ糖を入れているようなメーカーのものを選びましょう。

さらに注意したいのが、「これを気に入っているから」と同じものを毎日摂ること。腸内細菌は1000種以上に及びますし、乳酸菌ひとつとっても300種類あると言われています。そんなにたくさんある菌の中で、どれが自分の腸と相性がいいかなんて調べられません。ですから、**「さまざまな種類の菌を摂る」という意味で、いろいろな品を取り入れるのが正解**。

そしてもう1つの手は、サプリメントの活用です。単純に「菌数」で比べるのではなく、どんな菌を入れているのか、どんな形で菌を届けているのかに注目しましょう。なるべく**腸に届くものを選ぶことが肝心**です。死活菌も善玉菌のエサになるので決してムダではありませんが、腸の細菌バランスを整えるにはやはり生きた状態で届くのがいちばんです。善玉菌を売りにしている食品やサプリなら「生きたまま届く」といった文言が必ず入っていますので、それを目安にしてください。「胃酸で溶けず、腸で溶けるカプセルを使っている」とか「胞子の状態で配合している」といったものもよいでしょう。

また、善玉菌を含む食品やサプリの効果を高めるためにも、ファスティング（P64～を参照）は有効です。悪玉菌が優勢になっている腸をリセットできるので、便秘がちな人、便が臭うという方（悪玉菌が多い証拠です）は、試してみる価値は大きいと思います。

便秘によって体の巡りが悪くなるということは、当然、やせる循環を妨げる一因となり、ダイエットの敵なのは言うまでもありません。太りやすさや免疫力を左右する腸の力、ぜひ最大限に引き出してあげましょう。

「腸まで届く」おすすめサプリ

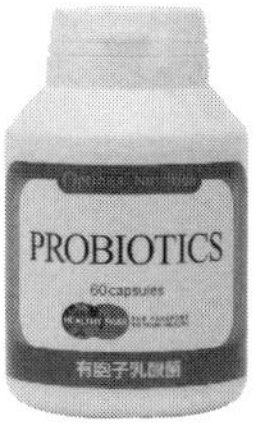

プロバイオティクス
有胞子乳酸菌

60カプセル　¥4000／ヘルシーパス

常温保存でも機能がほとんど低下しない菌を使っており、腸まで届けることにこだわったサプリ。乳酸菌により腸内環境を整える、「腸活」におすすめの一品。※医療機関限定商品

シンプリス
ビューティープログラム25

60袋（30日分）　¥11000／Simplisse

肌荒れやパサパサ髪、むくみや冷え性といったトラブルをサポート。ビタミンＣやDHA・EPAはもちろん、乳酸菌やオメガ3など話題の成分も配合。栄養素の量と「効く」バランスにこだわった医療レベルのサプリメント。

シンプリス　パーフェクト
ダイエット　プラス＋

30袋　¥10200／Simplisse

黒米エキスなど天然由来の成分が美肌に必要な脂質はカットせず、糖質のみを徹底ブロック。さらに基礎代謝量を上げて脂肪を効率よく燃焼させ、腸内環境も整えてくれるという強力なダイエットサプリメント。

ソラーチェ
ソイリーン　ドリンク

480g　¥10000／ソラーチェ

美容と健康のために必須なたんぱく質。その原料として、良質な「大豆プロテイン」「アーモンドミルクプロテイン」を配合したドリンクが誕生。おいしく手軽に引き締まった体へと導きます。

糖質オフ生活を楽しく！①

ヘルシー鍋レシピ

ダイエットモードだからといって、食事がつまらなくなってしまってはNG。我慢を続けると、やせたときに溜まっていた欲望が噴出して一気に食べてしまい、リバウンドすることにもつながりかねません。ストレスなく続けるためには、「ヘルシーなものをしっかり食べる」ことがおすすめです。

そのために私がよく活用しているのが、お鍋！　ヘルシーだし、手軽なのは主婦としてもありがたいし、たんぱく質も野菜もたっぷり摂れます。麺の種類を選べば「鍋のスープで〆のラーメン」だって食べられます。ポイントは、具材は野菜を多めに、始めに全部作ってしまうこと。作りながらだらだら食べ続けると、どれだけの量を食べたかがわかりにくく、ヘルシーとはいえ食べすぎてしまう場合も。

ポン酢などでいただく和風鍋はもちろんですが、洋風、中華風など鍋のバリエーションは無限大。美味しい調味料があれば、私は毎日お鍋だって大歓迎！　ここには私が自宅でよく作る「お鍋ベース」をご紹介します。

だしの出た美味しいスープで
体もしっかりあたたまる

中華風鍋

［**材料（作りやすい分量）**］

香味野菜類

- しょうがみじん切り…………1かけ分
- にんにくみじん切り…………2かけ分
- 長ねぎみじん切り…………½本分

ゴマ油…………大さじ3

スープ

- 水…………カップ5
- 中華スープの素…………大さじ2½
- 酒…………大さじ2
- しょうゆ…………大さじ2
- 酢…………大さじ2
- オイスターソース…………大さじ1

塩、こしょう…………各少々

具材

- 豚薄切り肉、たけのこ水煮、白菜、きくらげ、しいたけなど…………各適量

水溶き片栗粉、ゴマ油…………各適量

ラー油…………適宜

［**作り方**］

①具材はすべてせん切りまたは細切りにする。

②鍋にゴマ油大さじ3を入れて熱し、香味野菜類を入れて炒める。香りが立ってきたら、スープの材料を加えて沸騰させ、塩、こしょうで調味する。

③①の具材を入れ、火が通るまで煮る。

④水溶き片栗粉でとろみをつけ、仕上げにゴマ油で風味をつける。お好みでラー油を加えても美味しい。

Memo

〆に麺を入れる場合は大豆で作られた糖質がカットされた麺、こんにゃく麺など、素材にこだわって。

具材は、青梗菜や豆苗、しめじやえのきだけ、豆腐なども美味しい。

トマトから出るだしで
うまみたっぷりの鍋

トマト鍋

[**材料(作りやすい分量)**]

マギーブイヨン……2個
水……カップ5
塩、こしょう……各適量
具材
鶏のもも肉、トマト、キャベツ、たまねぎ、にんじん、じゃがいも、にんにく、しょうが……各適量

[**作り方**]

①マギーブイヨンを湯に溶かす。しょうがは薄切りにし、それ以外の具材はそれぞれ大きめのひと口大に切る。
②沸騰したスープにまず肉を入れ、火が通ったらトマト以外の具材を、火が通りにくい順に入れる。
③野菜類が煮えたら、トマトを入れる。塩、こしょうで調味して食べる。

Memo
トマトはたっぷりと。鶏もも肉の代わりに手羽やベーコンなどでも美味しい。じゃがいもやにんじんなど糖質を多く含む野菜は、短期集中でやせたいダイエットのときはレタスや水菜などの葉物類にチェンジ。

ピリ辛味で
野菜をたくさん摂りたい

塩麻婆鍋

[**材料(作りやすい分量)**]

鶏がらスープの素……大さじ2½
水……カップ5
調味料
豆板醬……小さじ1
オイスターソース……小さじ2
酒……大さじ1
しょうゆ……小さじ2
塩……適量
高菜漬け……適量
具材
豆腐、豚肉、お好みの野菜……各適量
水溶き片栗粉……少々

[**作り方**]

①鶏がらスープの素を湯に溶かす。調味料を加えて味を調える。
②高菜漬けのみじん切り、ひと口大に切った豆腐と肉、野菜を加えて煮る。
③具材に火が通ったら、水溶き片栗粉でとろみをつけて完成。

Memo
ごはんが進むしっかりめの味だけど、その代わりに野菜をたっぷり摂って。野菜はにらやもやし、葉物類やきのこ類と相性◎。

Column 7

糖質オフ生活を楽しく！ 2

おすすめ低糖質パン・スイーツ&お茶

糖質をカットしていると、どうしても甘いものがほしくなります。そんなときにおすすめの糖質量が少ないお菓子とパン、香りや風味で「甘いもの欲求」を抑えてくれるお茶をご紹介します。

低糖質

大豆全粒粉ビゴーレソフト

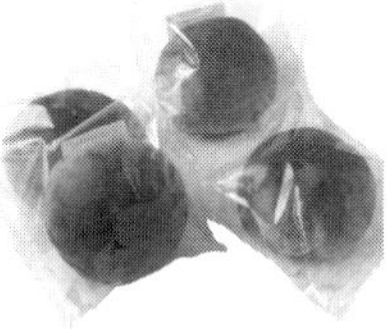

4個　¥1150／大豆専科ソイコム

1個あたり、糖質わずか2g。小麦粉も砂糖も使用していないパンは、糖質制限中の強い味方。焼いてもおいしい。

ソイズケアビゴーレブロック

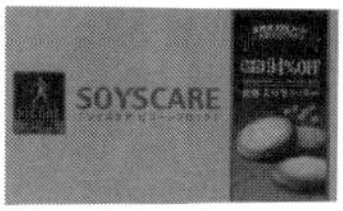

36枚　¥3572／大豆専科ソイコム

ダイエット中の間食にありがたい、低糖質クッキー。1枚あたり糖質はわずか0.38g。食物繊維も豊富。

お茶

マルコポーロ ルージュ

100g缶入り　¥2500／マリアージュ フレール

甘くやさしい香りが心穏やかにしてくれる、ノンカフェインのルイボスティー。食後に飲むのもおすすめ。

ハーニー&サンズ PEACHES&GINGER

20サシェ　¥2000／ワンダーリリー

紅茶にドライピーチとしょうがをブレンド。冷房で体を冷やしがちな暑い季節に、ホットで飲みたい。

natoha 黒人参ブレンド茶【ビューティー】

10包　¥1400／リフェット

ポリフェノールなどを豊富に含み、その抗酸化力で注目のスーパーフード、黒人参と無農薬ハーブのお茶が誕生。

シンプリス ダイエットティー

30包　¥5000／Simplisse

11種類のハーブをブレンドしたノンカフェインのお茶。糖質の多い食事や余分なため込みにアプローチ。

No.27

巡る体に福来《きた》る。”末端温冷法“のすすめ

ルール3 冷えている体は燃えない

私のダイエット熱もかなりのものですが、私の周囲にも"趣味・ダイエット"という女性たちがたくさんいます。そんな彼女たちを見ていて、食事制限や運動をかなり頑張っているのに**やせられないという人には、ある共通項があります。それは「体の巡りが悪い」ということ**。冷えている、むくんでいる、巡りが悪い……、そんな体で一生懸命に運動をしても、なかなか効果は上がりません。血液もリンパ液もしっかり巡る体でなければ、老廃物や脂肪は溜まる一方です。

巡りのいい体になるためには専門のサロンで流してもらうのも1つの手ですが、普段の姿勢を意識したり、簡単なストレッチをすることでだいぶ変わります。そしていちばん簡単なのは自宅のお風呂タイム。シャワーだけで済ますなんて論外です。毎日のバスタイムを活用すれば、体の循環がぐんとアップして、やせやすくなります。

なかなかやせられないというダイエッターに**私がおすすめしているのは「42度入浴」**です。そんなに熱いと肌の皮脂を奪うのでは、と思われるかもしれませんが、気にしなくて大丈夫！　なぜ42度にこだわるかというと、ヒートショックプロテインというたんぱく質が活性化する温度だからです。このたんぱく質は肌や髪、それに筋肉を修復するときになくてはならないもの。運動や食事管理といった努力をムダにしないためには、42度のお湯でヒートショックプロテインを活性化させることが絶対に必要なのです。

それからもう1つ、**「末端温冷入浴」も私のルーティーンです**。特に冷えが気になる方にトライしていただきたいのですが、足に15秒ほどシャワーの冷たい水を当てます。その後、42度の熱いお風呂に入ります。このサイクルを3～4回繰り返すというもの。冷やされたり温められたりするたび血管が収縮と拡張を繰り返すので、末端のポンプ作用が働いて全身が一気に温まります。びっくりするくらいに汗をかくので、ぜひやってみてください。

そして、お風呂上がりには必ずボディケアを。42度のお湯に浸かると、確かに肌表面の皮脂は落ちやすくなります。その分はしっかり保湿ケアで補えば大丈夫！　スリムなボディも美肌も、賢く効率的に自分のものにしましょう！

末端温冷法

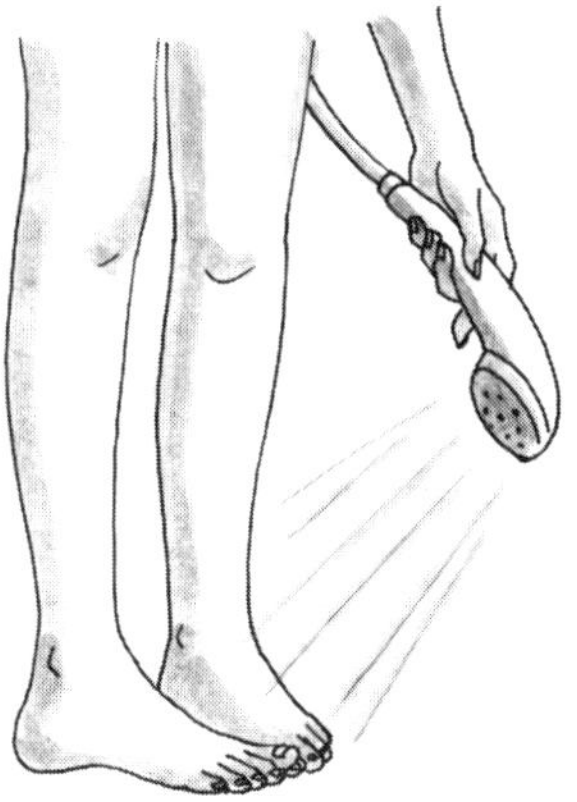

冷えに悩む人に即効!

まず、0度の冷水（または最低温度に設定した）シャワーを足に15秒ほど当てる。その後42度くらいの熱めの湯を張ったバスタブに3〜5分間、全身浸かる。このサイクルを3〜4回繰り返す。最後は温まった状態でお風呂から上がること。初めての場合は、足に冷水を当てる時間を10秒くらいから始めてもOK。冷えに悩む人は、冬だけでなく夏に行うのもおすすめ。

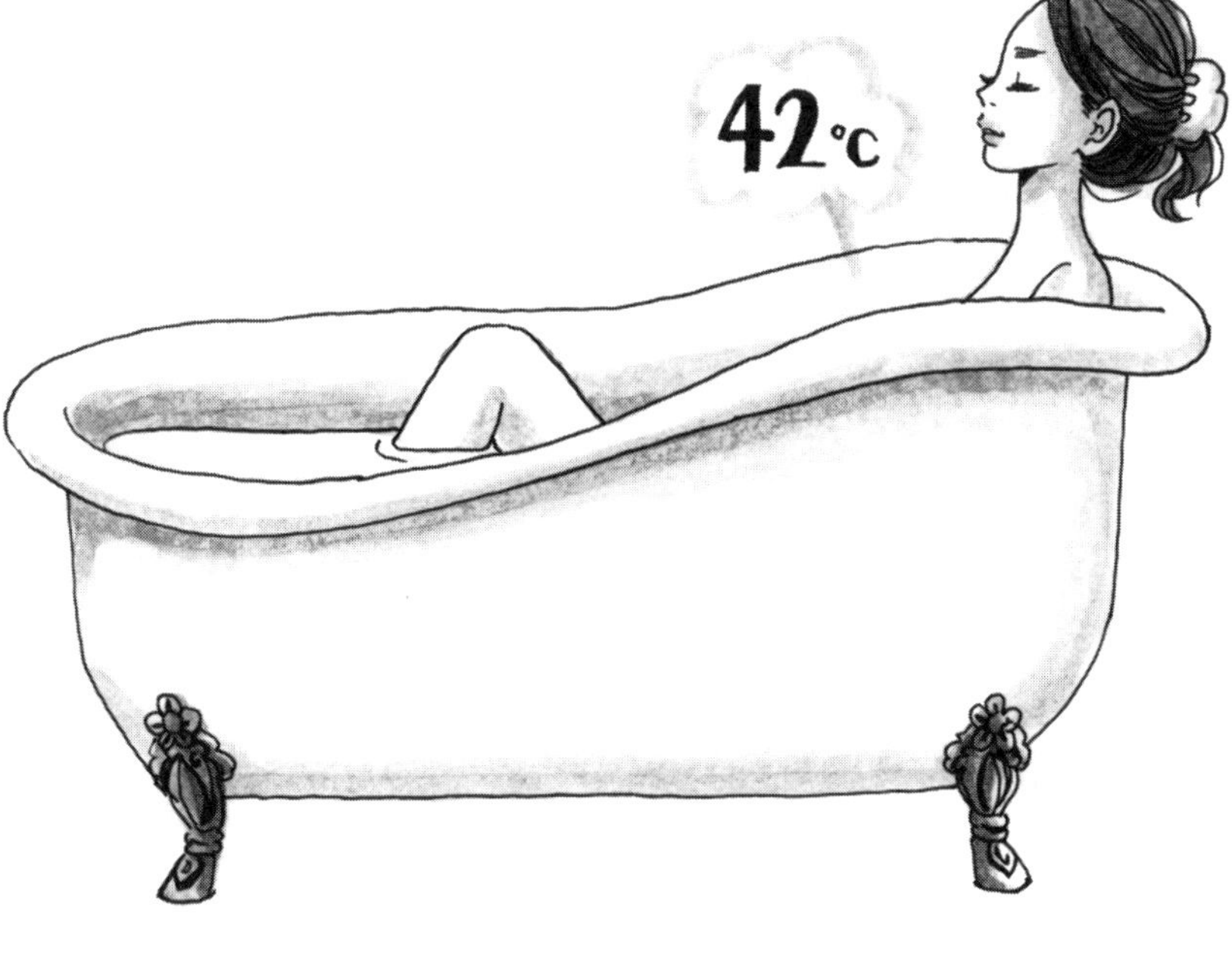

No.28

寝る直前なら"ぬるめ15分"の入浴が鉄則！

ルール③ 冷えている体は燃えない

前項を読んで「あれ？　おかしいな」と思った方もいるのではないでしょうか。そう思われた方は美容意識が高い方だと思います。そうです、「熱めのお風呂がおすすめ」とお話ししましたが、実は熱いお風呂は自律神経の点からみると、ちょっと難ありなのです。

P52～でお話ししたように、自律神経とは昼間の「アクティブモード」、夜の「おやすみモード」のスイッチを切り替えることで体をヘルシーに保つ機能です。そして、熱いお風呂は心身をアクティブモードへ促す働きがあるのです。ですから、**「末端温冷入浴」をする場合には、睡眠まで2時間以上あるときに行ってください**。そのくらいインターバルをおけば汗もひいて、体の深部は温まっていながらも、ほてりで目が冴えてしまうこともなく、気持ちよく眠りにつけます。

でも、忙しい現代女性にとって、「寝る2時間前の入浴」はなかなか難しいもの。そうした時間がとれない場合におすすめなのが、「ぬるめ15分」の入浴です。よく言われる方法ですが、**38度くらいの「ちょっとぬるいな」と感じるお風呂にゆったり、15分以上入る方法**です。「1秒でも多く眠りたいときに、15分も？」と思われるかもしれませんが、ちょっと待って。疲れて帰宅してばったり眠るよりも、ゆったり入浴をしたほうが睡眠の質が上がるのです。回り道のように感じられても、血行がよく気持ちがリラックスしていれば、より深い眠りにつけて疲れがとれます。お風呂の中でスキンケアを行えば、むしろ時短にすらなるので、ぜひお試しを。

このときの**ポイントの1つは、たっぷりのお湯に浸かること**。「半身浴のほうがいい」とも言われますし、それにも一理あります。ただ、冷えのひどい人の場合には、半身浴だと追いつかないこともしばしば。わきの下よりもお腹やお尻のほうが冷たく感じられる場合には、全身浴のほうがおすすめです（チェックする場合は、わきの下に10秒以上手をはさみ、その手でお腹やお尻に触れてみてください。大切な臓器が詰まっているお腹に冷えを発見して、びっくりされる方も少なくありません）。それに、通常、ほとんどの方はシャワーを浴びたり、体をさっと洗ってからバスタブに入りますよね。濡れた上半身が空気にさらされると冷えてしまうので、しっかり全身浴にしましょう。ぬるめであれば交感神経のスイッチが入ることもありません。

それから**もう1つのポイントは、「リラックス」を心がけること**。たとえば発汗作用を促すバスソルトよりも、リラックスできる香りの入浴剤を選ぶ。あるいはゆったりとした音楽をかける、本を持ち込む……などなど。仕事や育児のストレスを忘れ、素になれる時間にしましょう。

ちなみに、15分という時間には理由があります。これは、全身に血液が巡る時間なのです。これより短い時間だと、体の表面は温かいのに深部は冷えている、という困った状態になってしまいます。入浴は運動とは違い、外から熱を加えて温める方法です。外からの熱を深部に届けるには、どうしても15分という時間が必要になるのです。

No.29

温めはお風呂だけにあらず。効く"温活"とは?

ここでは、冷え対策に有効で生活の中で取り入れやすい小ネタを紹介します。まず、**自宅での温めアイテムとしておすすめなのが、ホッカイロや靴下、湯たんぽ**といった小道具。ただ、こういったアイテムにも使い方にコツがあります。たとえば貼るタイプのカイロ、「大切な内臓があるから」とお腹に貼っていませんか？　実はこれ、腰に貼るほうが効率的です。仙骨（尾てい骨の上）あたりはリラックスのツボが集中していて、副交感神経が優位になりやすいポイント。また、血液の流れから考えても、腰を温めるほうがお腹の中に温度が伝わりやすい。特に子宮周りの冷えは、お腹を温めるより腰を温めるほうが効果が倍増するので、ぜひ腰に貼ってください。

末端の冷えが気になる人であれば、靴下もおすすめ。ただし、何枚も重ねばきをする必要はありません。同じサイズを重ねて圧迫されることによる血行不良も気になりますし、洗濯も面倒ですよね（笑）。1枚でいいので靴下をはく、あるいはくるぶしまでおおったタイプのルームシューズをはくなどしましょう。このとき気をつけてほしいのは、「眠るときにははかない」ということ。寝ているときは案外汗をかくのですが、足に汗をかき、それが靴下の中にこもって冷えてしまうと逆効果になってしまいます。とはいえ、末端の冷えも気になる私は、つま先部分があいている靴下を愛用中。これなら汗もほどよく放出でき、足先の冷えも防げるので一石二鳥です。

それからもう1つ、ぜひ取り入れてほしいのが**食事による温活**です。たとえば、常温の赤ワインを味わって飲むのと、冷えたビールを一気飲みするのとでは、胃腸の温度はまったく違います。暑い夏場にごくごくと冷たいものを飲むのは、気持ちはすっきりしても体には最悪です。「のどが渇いた！」と一気に冷たいものを飲んでも、人間の体が1時間に吸収できる水はせいぜい100㎖程度。一度に大量の水分を摂っても意味がありません。仕事などのおつきあいなら仕方ありませんが、**自分で選べるものはなるべく常温の飲み物にしましょう**。

そしてこれは有名な話ですが、**しょうがにはものすごい温めパワーがあります**。それも乾燥させたもの、加熱したものだとさらにパワーアップ（ジンゲロールという成分が、乾燥したり熱を加えることで特に作用の強い成分に変化するのです）。そのほか、シナモンやカルダモンといったスパイスも温め作用が強いので、紅茶やコーヒーに加えて飲むのもおすすめです。

こうした小さな知恵も活用して冷えを克服すると、ダイエット効果がさらに加速するはずです。

おすすめ冷え対策アイテム

BION・NU
フットウォームシェイパー（上）
¥10000 ～／ソラーチェ
コアウォームシェイパー（下）
SSサイズ　¥11000 ～／ソラーチェ
遠赤外線を放射する鉱石を特殊な技術で糸に練り込み、体を内側から温める。冷えが改善されることで、血行がよくなり、代謝もアップ。継続して使うことで、自ら温められる体へ。やせにくく、コリや疲れがとれない人にも。

寝不足はデブのモト！
睡眠のクオリティを
上げてやせる！

皆さんは、毎日どのくらいの睡眠をとっていますか？　「ぐっすり、たっぷり眠れています！」と断言できる方はあまりいらっしゃらないのではないでしょうか。NHKの国民生活時間調査によれば、日本人の睡眠時間は年々短くなっていて、特に40代女性の平均は6時間28分なのだとか。そしてなんと、睡眠不足はダイエットにもマイナスなのだそうです。

コロンビア大学の研究によると、7～9時間睡眠の人に比べて、睡眠時間が少ない人は明らかに太りやすいという結果が出ています。4時間以下だと肥満になりやすさが73％、5時間なら50％、6時間で23％アップするというから見過ごせません。これにはホルモンが関係していて、食欲を抑制するホルモン、レプチンの分泌量が睡眠時間が減ると減少してしまうのだとか。逆に、食欲増進ホルモンは増えてしまうので、文字通り**「寝不足だと太る」**と言えます。

とはいえ、7時間、あるいは教科書通りの理想でいえば8時間の睡眠を確保するのは至難の業。そこで私が実践しているのが「睡眠の質を上げる」という作戦です。睡眠には2種類あり、浅い「レム睡眠」と深い「ノンレム睡眠」が交互に訪れるという話は、聞いたことがあるかもしれません。このうち、**ダイエットにとって重要なのが「寝ついてから最初に訪れるノンレム睡眠」**です。というのも、この時間は成長ホルモンが分泌される大切な時間だから。"若返りの時間"　"アンチエイジングの眠り"などと言われることもありますが、昼間に使われた筋肉を修復したり、肌ダメージから再生したりといった活動は、この時間の眠りの質が握っているのです。基礎代謝を上げるためにも、そして脂肪を筋肉に変えていくためにも、寝入りばな（眠ってから30分～1時間ほど）に訪れるノンレム睡眠の質を上げる必要があるのです。

そのために守りたい**1つめのルールが、「食事は眠る2時間前に終わらせる」ということ**。胃腸が活発に動いてしまうと、安眠が妨げられてしまうからです。お酒も睡眠の質を低下させますから、本当にひと口程度のナイトキャップはともかく、グラス1杯のお酒も控えましょう。

2つめは、スマホやパソコンのブルーライトは浴びないということ。ブルーライトは神経を覚醒させ、「アクティブモード」にしてしまいます。眠る前2時間、それが難しければせめて30分はブルーライトを避けましょう。

そしてもう1つ、意外にも**「無音はむしろ眠りを妨げる」という事実**です。面白いもので、脳はしーんとしていると刺激を探そうとしてしまい、むしろ眠れなくなってしまうのだとか。海外では、安眠のための道具として、「ホワイトノイズを出す機械」が売られているほどです。

もちろんこれら以外にも、心地よい寝具にこだわる、ゆったり入浴する時間をもつといったリラックス方法も大賛成！　忙しくてストレスフルな毎日だからこそ、自分なりの工夫や知恵を駆使して、睡眠のクオリティを追求して、ダイエットの努力をムダにしないようにしましょう。

大人の女性の8割が
"かくれ不眠"!

「睡眠は美肌のためにも、ダイエットのためにも大切なのよ」と私が言うと、けっこうな確率で「私はベッドに入ったらすぐ寝れるタチだから大丈夫！」と返してくる人がいます。バリバリ仕事を楽しんで、忙しいけれど充実している。快眠快食快便、明日も頑張るわ！ というパワフルな女性にこういったタイプが多いように思います。

けれど、実は**日本女性の８割が睡眠の問題を抱えている〝かくれ不眠〟**だということをご存知でしょうか？ 杏林大学の古賀教授によると、20代～40代の女性には、治療の必要なレベルではないものの、眠りが浅くて疲れがとれないといった形で日常生活に影響しているケースが少なくないのだそう。いちばん多いのは、「眠りの途中で目が覚めてしまう」という眠りの浅いタイプ。夜中や明け方に目が覚めてしまった経験がある、という方はこのタイプかもしれません。お酒を飲んでから寝たというときに、途中で目が覚めてしまうこともあるようです。また、ストレスが多くて神経がぴりぴりしているために熟睡できていないというケースも。

睡眠時間の短さも一因ですが、「朝、どうしてもベッドから出られない」という日が続く人は要注意です。さらに、生活リズムが乱れてしまい、しっかり眠った気がしないという人も少なくないもの。こういった〝かくれ不眠〟なら、思い当たるのではないでしょうか？

古賀教授のお話で特に面白かったのが、**こういった眠りのトラブルは「日頃から眠りを大事に**

していない人に多い」ということ。やれ仕事だ、飲み会だ、あるいは育児だと優先することが多すぎて眠りが後回しになってしまう……はい、私にも心当たりがあります。こういった"かくれ不眠"は自律神経を乱したり、ホルモン分泌がうまくいかなかったり。その結果太ってしまったり、もっと悪い場合には、高血圧や糖尿病といった病気を併発してしまうこともあるのだそう。「私は大丈夫」と過信せず、朝も疲れが抜けていないようであれば、たまには早めにベッドに入る日をもうけたほうが良さそうです。

ちなみに、「早寝早起き」とはよく言いますが、**正しくは「早起き早寝」**です。眠りのホルモン、メラトニンはベッドに入ったらもれなく分泌されるわけではありません。朝日を浴び、その刺激が脳にとどいてから14~16時間後に、メラトニンが分泌され始めるのだそう。ですから6時半ごろに起き、日付が変わる前に眠る、というのが理想形なのです。「今日は早めに寝られるから」とたまに早寝しようと思っても、そう簡単に眠れるものではありません。また人間、寝だめはできない仕組みになっているのだとか。あくまでも理想ではありますが、たまには「早く起きて、早く寝る」を実践してみるのも、眠りの質を上げることになりそうです。

ストレッチ

〝2大つけ根〟が柔らかければ、流れる体に！

ダイエットのポイントとなるのは、「筋肉の硬さ」ではありません。もちろん筋肉は柔らかいのがベストですが、もともと筋肉が硬くなりやすい人もいますし、脂肪の量やつき方によっても硬さは変わります。それよりもポイントとなるのは、**「2大つけ根」の硬さです**。

まずは、「脚のつけ根」です。いわゆるそけい部ですが、座る時間が長い現代人はここが圧迫され、詰まりがちです。重力のもとで生きる私たちの体は、普通に生活しているだけで血液やリンパ液といった体液が下に溜まりやすいもの。これを心臓のポンプや筋肉の作用でせっせと上（心臓）へ戻しているのですが、脚のつけ根が詰まっていると、なかなか元に戻りません。結果、脚がむくんで太くなり、血行の悪いお腹やお尻まわりも冷えてしまうのです。

もう1つは「腕のつけ根」。脇の下は「老廃物のゴミポケット」と言われるほどリンパが集中していますが、腕を下ろした状態が長く続くと、ここも詰まりやすくなります。

この、こりやすい「2大つけ根」の柔らかさは、すらりと伸びた脚や引き締まった二の腕を育てるために絶対必要なのです。

手作り コリほぐしアイテム

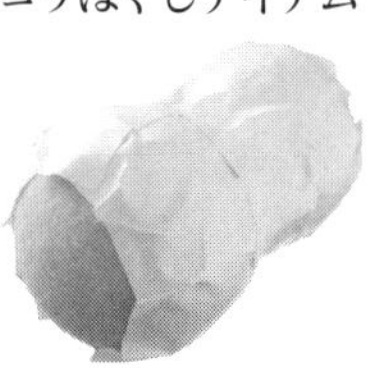

テニスボールとガムテープで簡単に作れる、コリほぐしグッズ。家やオフィスに常備したい。ボール2個を並べ、テープできつめにぐるぐると巻けば完成。お尻や尾てい骨の下に置いて座るだけでも効果あり。次ページからのストレッチにも活用できる。

肩甲骨をほぐす「上半身の巡り」がよくなる

デコルテ(小胸筋まわり)をほぐす

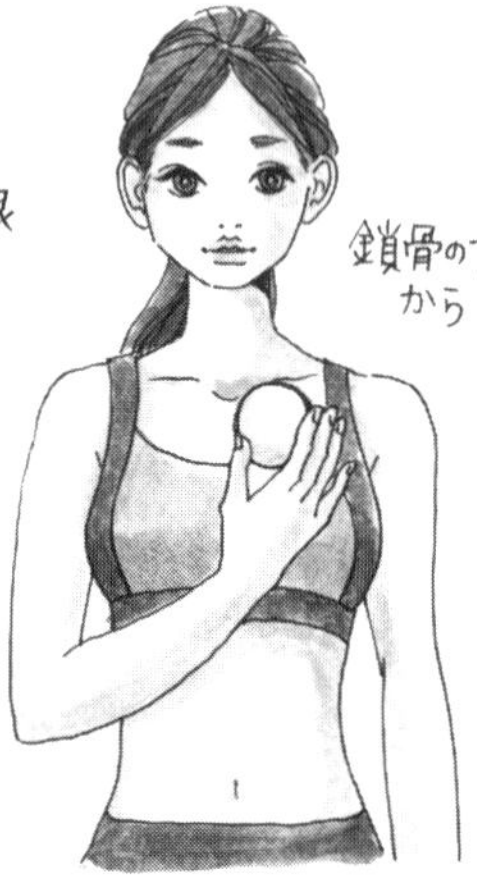

①椅子に座るかあぐらをかく。お尻の裏のぐりぐりとした骨（坐骨）が垂直に椅子（または床）にささるようなイメージでしっかりと坐骨を立て、背筋を伸ばして座る。
②右手にテニスボールを持ち、左側の鎖骨の下にあて、体の中心から肩のつけ根に向かってぐっと圧をかけながら転がしていく。特にこりを感じる部分があったらその箇所で手を止め、手のひらでボールを転がすようにさらに圧をかけて。またゆっくりと体の中心に戻る。左右３回ずつ繰り返す。

メリット

肩が正しい位置に戻り、腕がすっきり!

わきの下(前鋸筋まわり)をほぐす

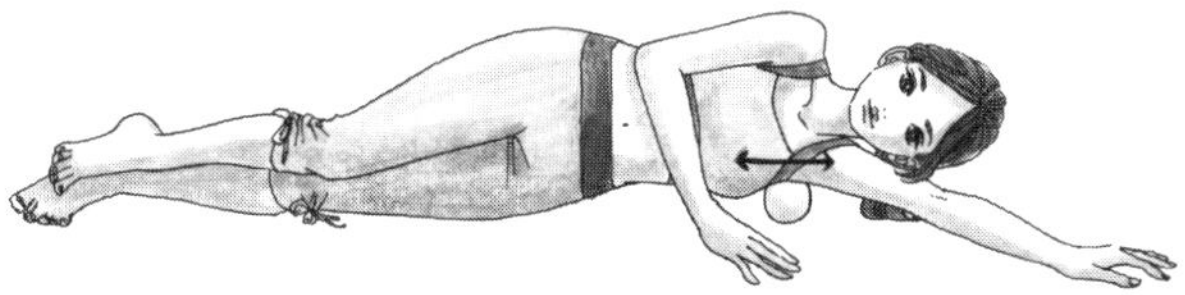

①テニスボール2個をテープで巻いたもの、またはノットアウト(P147、163参照)を左わきの下があたるところに置き、手を上に伸ばして横向きで寝る。
②右脚の膝を曲げ、左足の裏を床につけてバランスをとりながら、ゆっくりとボールに体重をかけ、体を少し浮かせる。
③上下に体をスライドさせながらわきの下(前鋸筋まわり)をほぐしていく。ゆっくりと10回行ったら逆側も同様に行う。

メリット

老廃物が流れ、二の腕がすっきり

肩甲骨まわりをほぐす

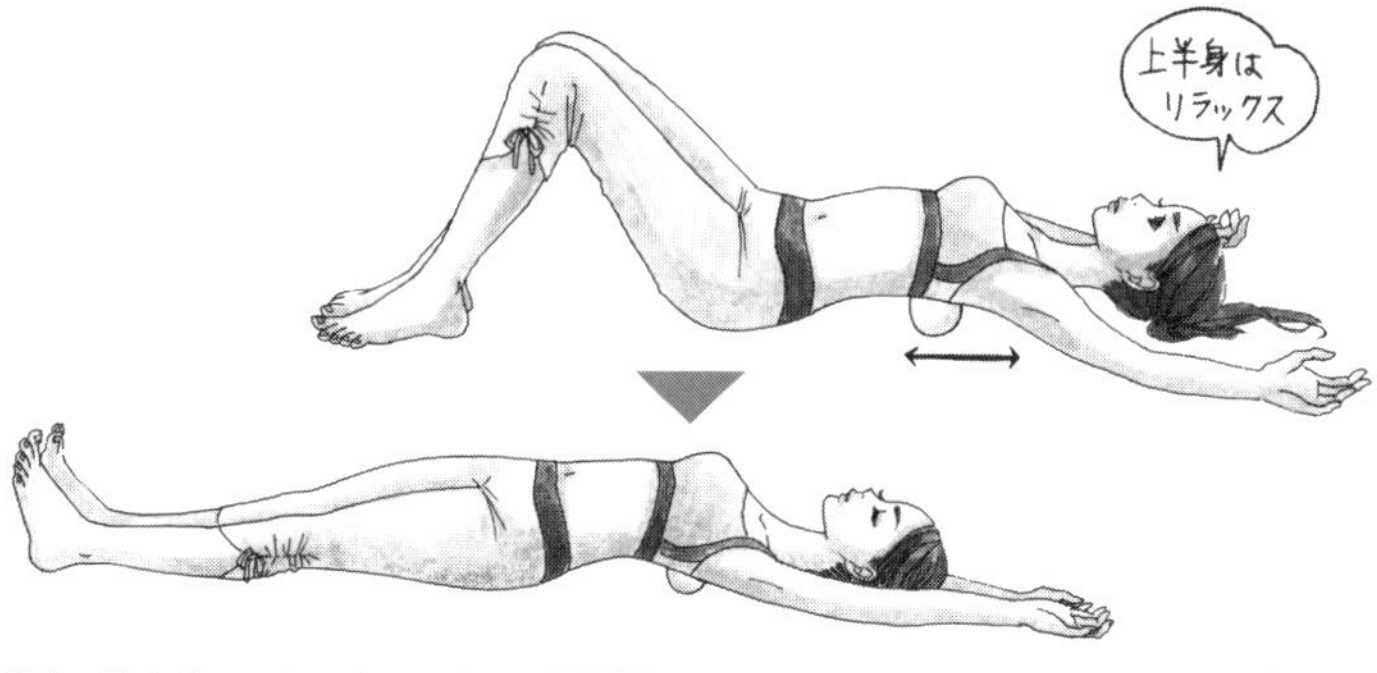

①床に膝を立ててあお向けになり、肩甲骨の下あたりにテニスボール2個をテープで巻いたもの、またはノットアウト(P147、163)を置く。腕は上に伸ばす。
②ボールに体重をかけ、足の裏でバランスをとりながら体を上下にスライドし、肩甲骨まわりをほぐしていく。ゆっくりと10回行う。
③最後に、ボールを肩甲骨にあてた状態で脚を伸ばし、目を閉じて5回、深呼吸する。

メリット

猫背を正して、"天使の羽"が出現!

胸（大・小胸筋）と肩甲骨全体をほぐす

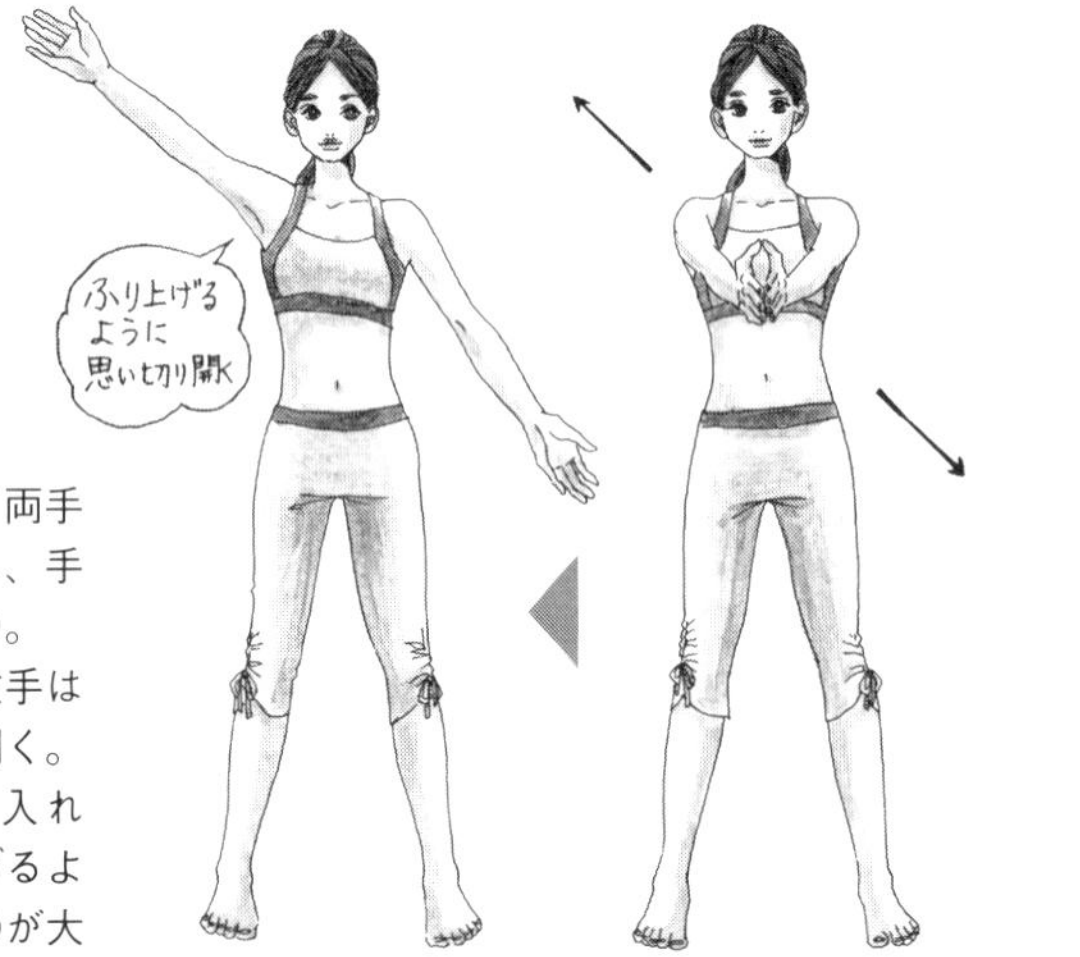

①両足を肩幅に開いて両手をまっすぐ前に伸ばし、手のひらを合わせて立つ。
②右手はななめ上、左手はななめ下に向かって開く。このとき、腕に力を入れず、えいっとふり上げるように思い切って開くのが大切。10回やったら反対側も同様に繰り返す。
③①と同じ姿勢でスタートし、今度は体の後ろ側で両手がパチンと合わさるように、体の後ろに向かって両手を動かす。10回繰り返す。

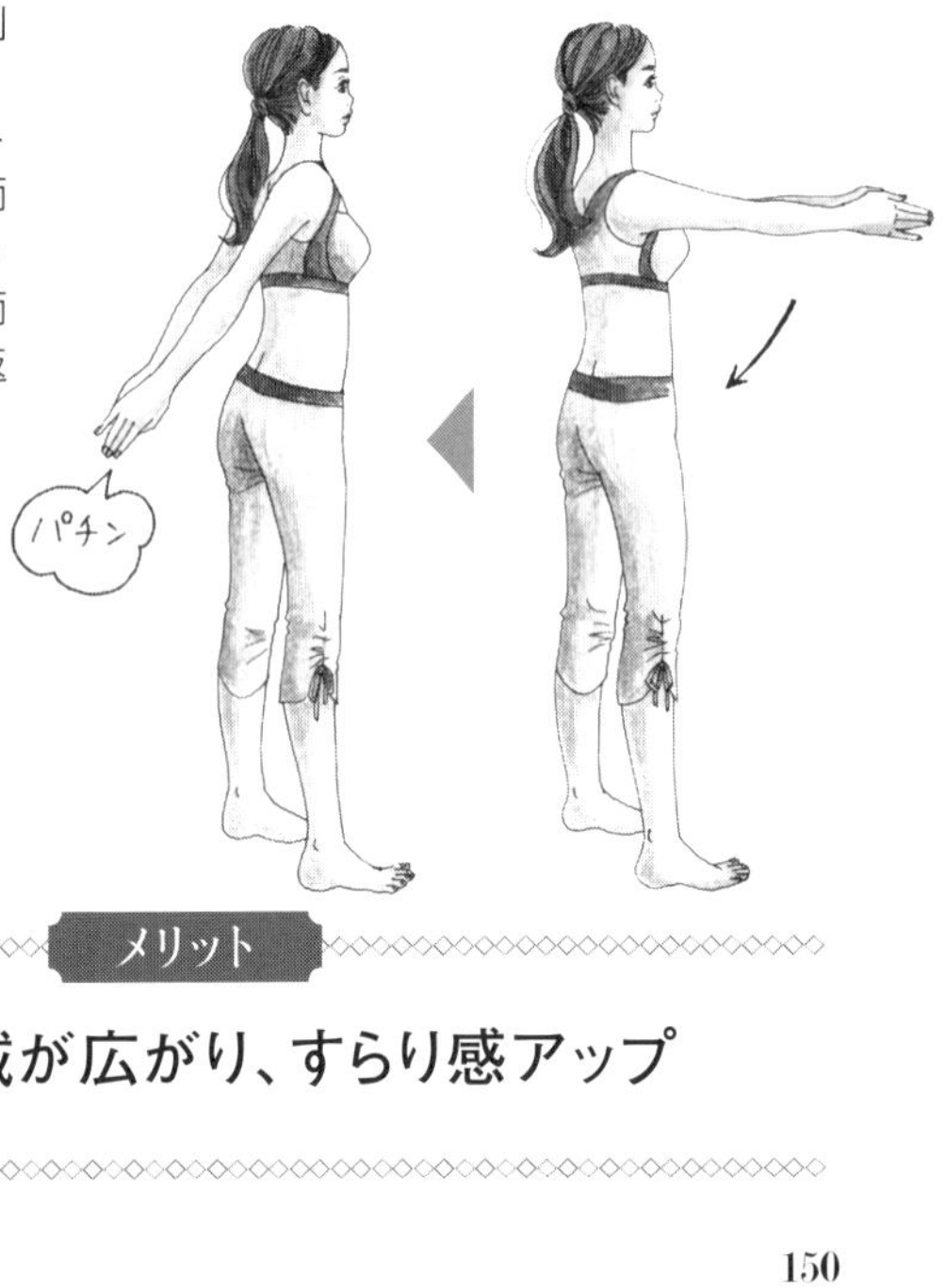

メリット

腕の可動域が広がり、すらり感アップ

つけ根 #02

股関節を回す「下半身の巡り」がよくなる

脚のつけ根をほぐす

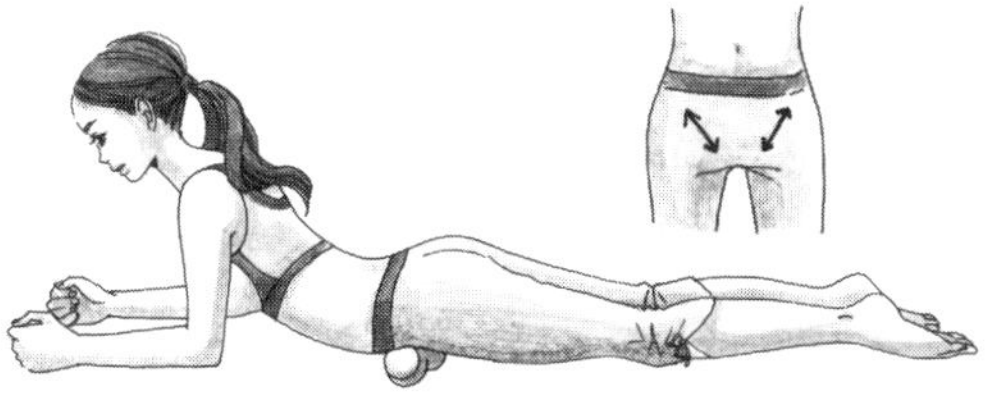

①うつぶせになり、左の骨盤横に出ている骨あたりにテニスボールまたはノットアウト（P147、163）をあてる。
②上半身をゆっくりと床に寝かせていき、ボールに体重がかかるように力を抜く。
③腕を使って、体を細かく上下にゆらし、ボールで足のつけ根をほぐす。反対側も同様に行う。

メリット

**脚全体のむくみが取れ
ほっそり印象に**

腸脛靭帯をほぐす

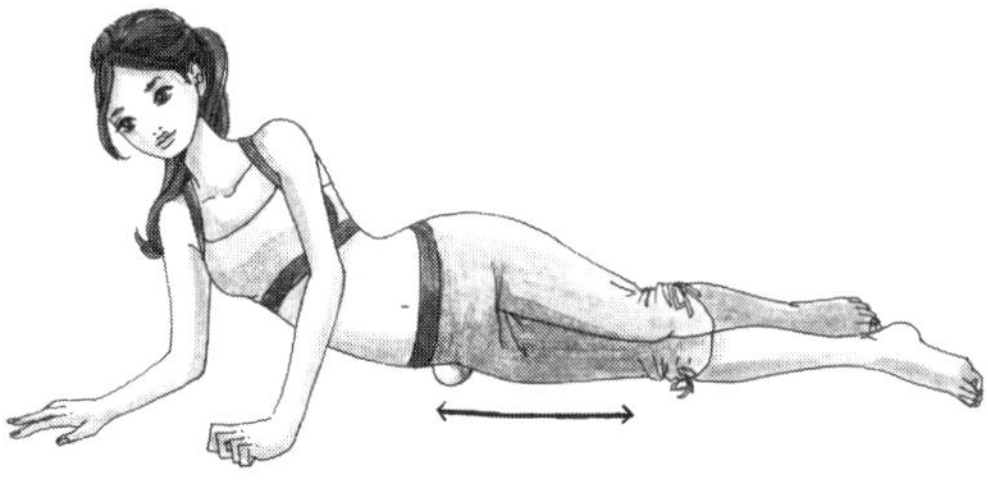

①テニスボールまたはノットアウト（P147、163参照）を、右の骨盤横の出ている骨あたりにあて、横向きで寝る。このとき下になっている脚は伸ばす。上になっているほうの足の裏を床につけてバランスをとる。
②下側になっている手はひじから先を床につけ、太ももの外側がボールにあたるように少しずつ体を頭の方向に動かしていく。ボールが膝の位置まできたら、また元の位置に戻っていく。10回往復し、逆側も同様に行う。

メリット

外に張った太ももが、ぐっと細見え!

お尻をほぐす

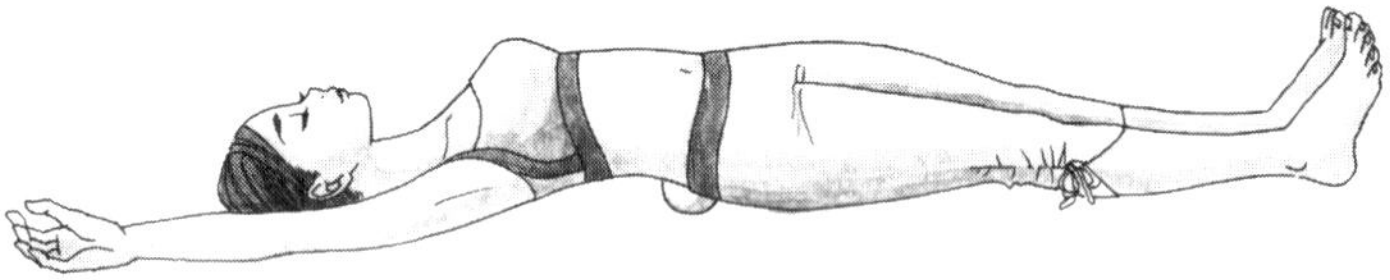

①床に膝を立ててあお向けになり、尾てい骨の少し上の部分にテニスボールまたはノットアウト（P147、163参照）をあてて両脚を伸ばす。
②両手を頭の上に手のひらを上にして伸ばす。目を閉じて5回、ゆっくりと深呼吸する。

メリット

骨盤がなめらかに動き、ヒップアップ

太ももの外側とお尻をほぐす

①椅子に坐骨を立て、背筋を伸ばして姿勢よく座る。
②左足のかかとを右の膝の上にのせ、左の膝を左に倒す（できるところまで）。
③お腹と胸を前に突き出すようにゆっくりと上体を前に倒していく。背中が丸まらないように注意。3回繰り返したら、反対の脚も同様に行う。

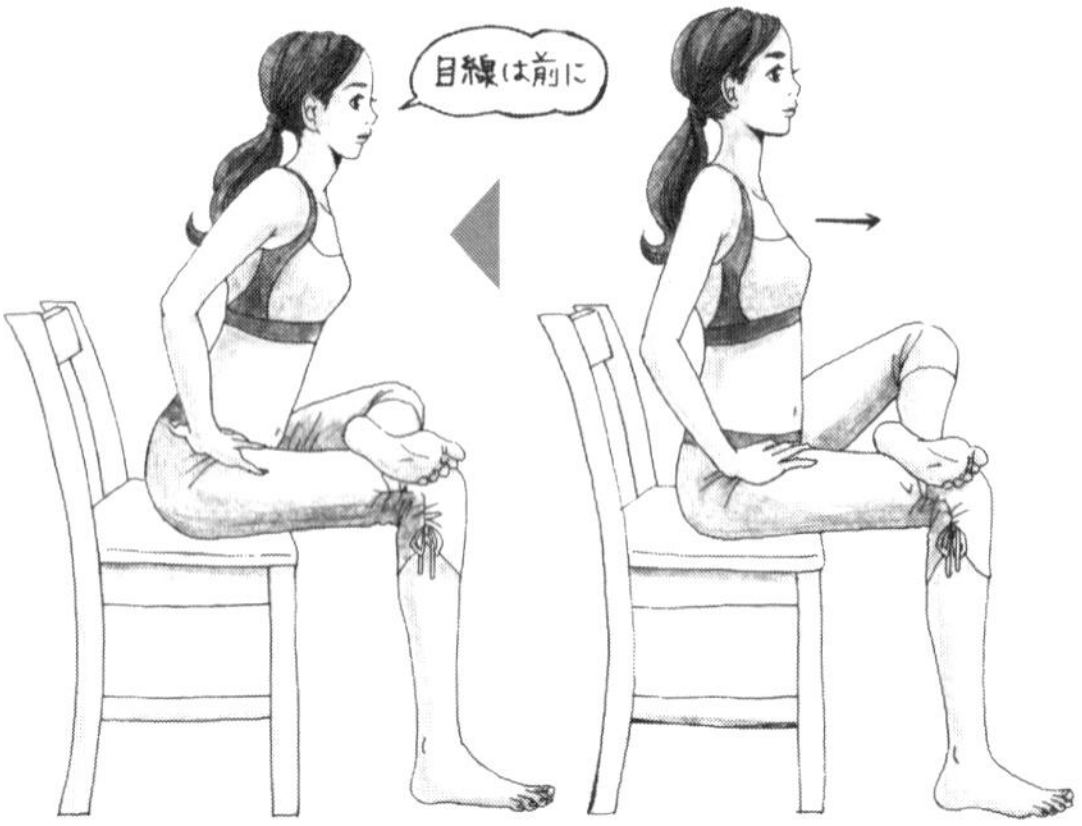

メリット

硬いお尻がほぐれ、腰痛もラクに

股関節(腸腰筋)をほぐす

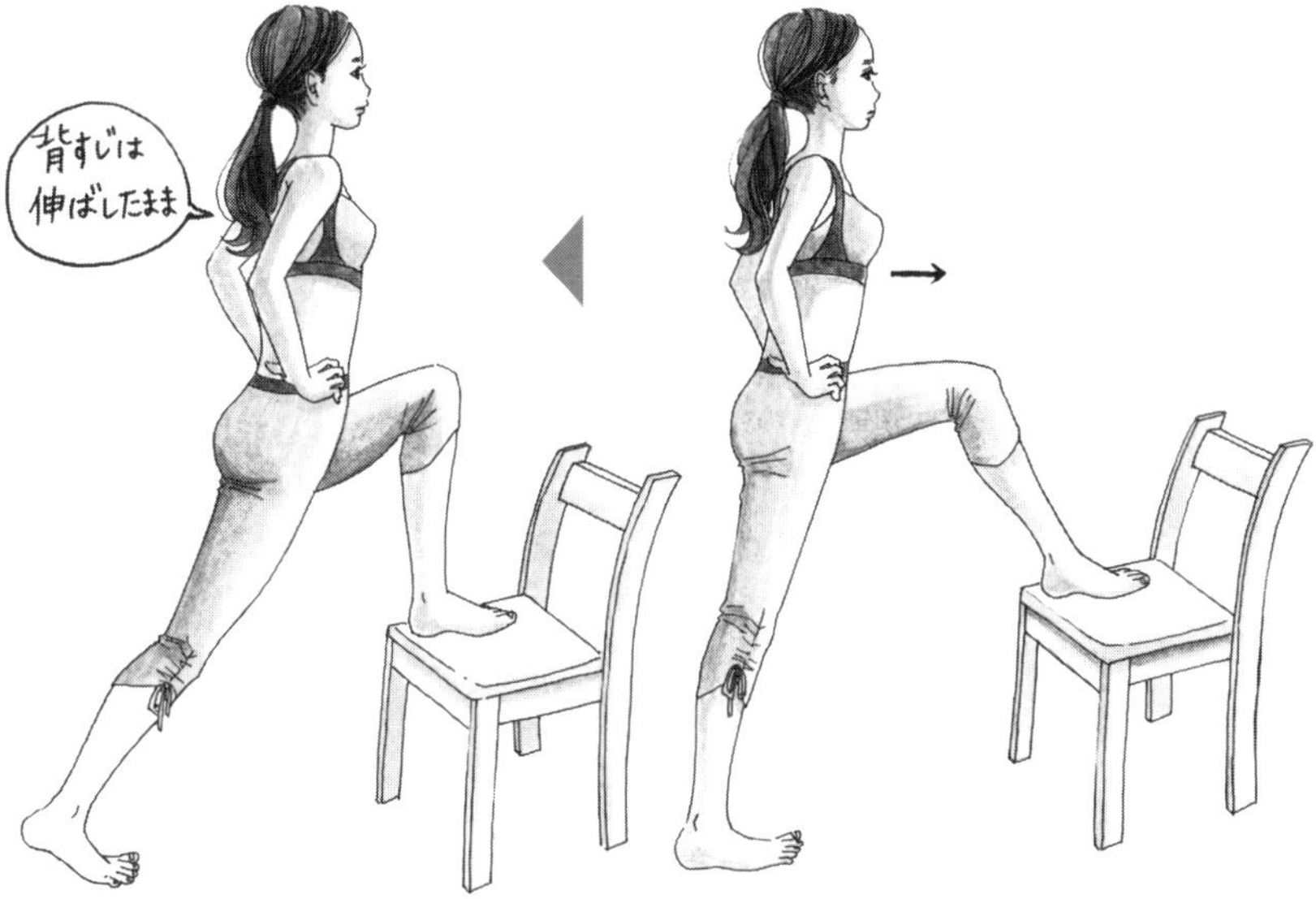

①椅子に左足をのせ、右足は大きく後ろにひく。ゆっくりと左膝を曲げながら前方に体重をかける。このとき右の脚のつけ根が伸びていくのを感じて。
②右のかかとを床に近づけながら、さらに右の脚のつけ根を伸ばしていく。上体が後ろに反らないように、なるべく前方にキープした状態で行う。３回繰り返したら、反対の脚も同様に行う。

メリット

下腹がすっきりし、くびれが復活

エクササイズ

ターゲットは"4大筋肉"。あとはさぼっても大丈夫！

大人のダイエットでは「続けること」こそが重要。そこで、運動嫌いでもOKな、ターゲットを絞り込んだ筋トレを紹介します。**ポイントとなる筋肉はたったの4つ。大きくてエネルギーをたくさん消費する筋肉のみ**に絞りました。たったの4つ？ と思うかもしれませんが、**ここを鍛えるのがもっとも効率がよく、基礎代謝も確実に上がります**。ダイエットを志す人は誰しも「このパーツをやせたい」といった〝部分やせ〟を口にしますが、実はこの4大筋肉を鍛えることこそ、よっぽど近道。しかも、どれも姿勢をサポートする大切な筋肉なので、ボディラインがすらりと美しく見えるやせ見え効果はすぐに実感できるはずです。

そんな「4大筋肉」の1つめは、**大腿四頭筋を中心とした太ももの筋肉**。ここがきちんと使えていると立ち姿も美しく、しかも疲れにくくなります。次は**広背筋**。猫背になりがちな日本人の姿勢をサポートしてくれる大切な筋肉で、ここを動かすと肩甲骨まわりの筋肉も動くため、肩こりの予防にもなります。そして、**腹直筋**。「ウエストを細くしたい」という声は本当によく聞きますが、腹直筋を鍛えれば細くなるので、ウエストまわりの部分やせは実は簡単。ただし、体の前側にある筋肉なので、体を前側に縮める＝猫背にならないよう、広背筋も同時に鍛える必要があります。最後は**大胸筋**。ここを動かすことで腕のつけ根のリンパも流れるようになりますし、体幹がしっかりして姿勢がキレイになります。この4つに働きかければ、大人のダイエットは十分です。

4大筋肉— ①

上半身の大きな筋肉、「大胸筋」を鍛える

①大人の女性のための腕立てふせ。肩幅より広めに床に手をつく。脚は膝から下を上げて組む。頭頂から膝まで一直線になる姿勢をキープする。
②①の姿勢を保ったまま、ひじを曲げて床へゆっくりと体を近づける。腹筋を意識すると同時に、胸が開くのを感じて。限界まで体を下げたら、またゆっくりと体を元の位置まで戻す。15回を2セット。
※手をつく幅を狭めると、わきの下あたりの筋肉「前鋸筋」も鍛えられ、すっきりした背中になる効果も。

メリット

バストアップと美姿勢を、同時に実現

4大筋肉—②

下半身のいちばん大きな筋肉、「大腿四頭筋」を鍛える

①腰も膝も痛くならないスクワット。足を肩幅よりも大きく広げてまっすぐに立つ。手は腰に置く。
②膝の位置をそのままに、ゆっくりと腰を落とす。上半身を後ろに引くイメージで。背筋はまっすぐなまま、頭が下がったりお尻から落とすのはＮＧ。限界まで落としたら、ゆっくりと元の位置まで戻す。15回を２セット。

メリット

脂肪消費量が格段にアップし美脚に

4大筋肉―③

背中のいちばん大きな筋肉、「広背筋」を鍛える

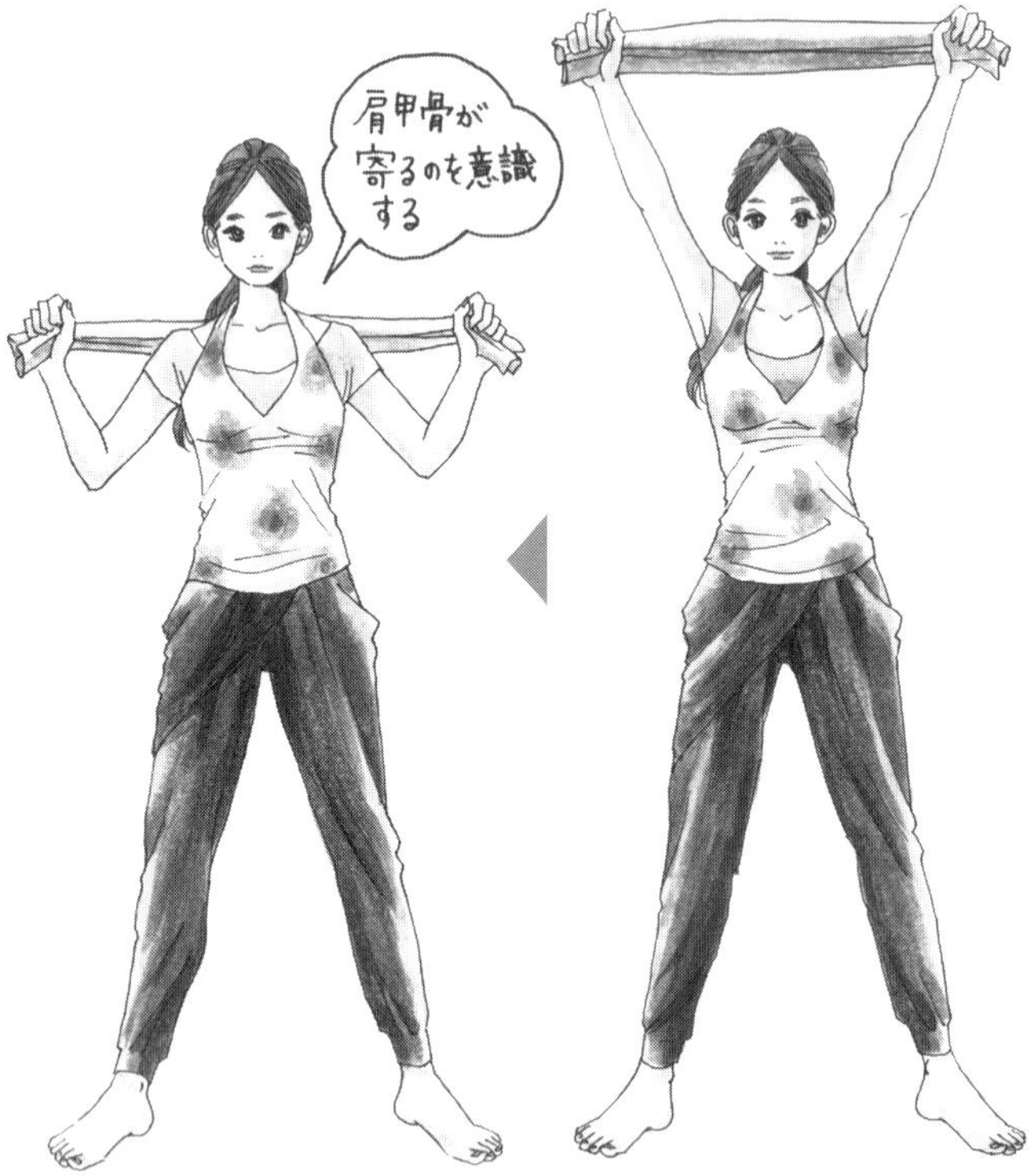

①足を肩幅よりも大きく広げてまっすぐに立つ。タオルを３～４回折りたたんだものを両手に持ち、頭上で左右にピンと伸ばす。
②タオルをピンと張ったまま、頭の後ろへゆっくりと下げる。肩甲骨が中央に寄るのを意識して、姿勢が前後にぶれないように注意。肩下まで下げたら、上へ戻す。ゆっくりと15回を２セット繰り返す。

メリット

猫背が治り、見た目が若返る美姿勢に

4大筋肉—④

お腹のいちばん大きな筋肉、「腹直筋」を鍛える

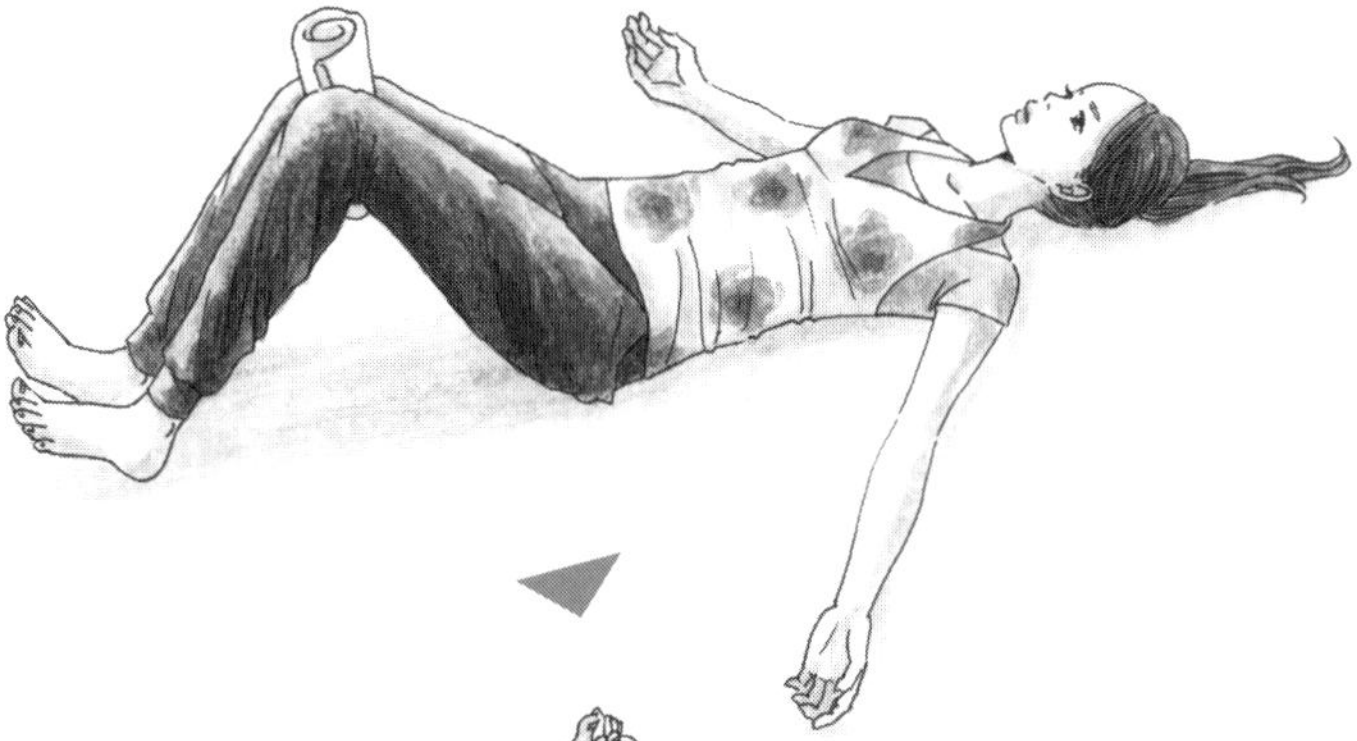

①床に膝を立てて座る。膝の間に折りたたんだタオルを挟み、あお向けになる。手は左右に広げる。
②タオルを挟んだまま、膝を上へゆっくり上げる。限界まできたら、元の位置までゆっくりと下ろす。腰や背中が浮かないようにして、15回を２セット繰り返す。

メリット

「寝たまま腹筋」で、最速くびれに

そうはいってもすぐにやせたい！
――目的アリ↓短期集中でやせるには

大人として、「ダイエットを日常に」がベストな方法とわかっていても、「結婚式までに！」「同窓会までに！」といった、やせたい「期限」がある場合も。私も「仕事で撮影があるから、1ヵ月で絞りたい」なんてことはしょっちゅうです。そういった場合に行う短期集中ダイエットのコツをお話ししましょう。

まず1つめは、**1ヵ月に減らすのは、体重の5％まで**。60kgの人であれば3kgが目安です。これを超えるペースでやせると、肌にも髪にも、時には健康にもダメージをもたらし、目的の日には「げっそり不健康」になるので絶対厳禁。

2つめは、**ダイエットをスケジュールに組み込む**。「よし、今日からダイエット！」といきなり誓った場合、ほとんどがうまくいきません（笑）。仕事のように淡々と、ダイエットの予定をスケジューリングすること。外せない会食やイベントを避け、「ここならダイエットモードに入れる」という期間をあらかじめおさえておくのです。

3つめは、**低糖質の食事と運動、そして、巡りケアを取り入れること**。この本で述べてきたように、食事を減らすだけでは筋肉が落ち、かつ不健康になってしまいますし、運動だけでやせるのが不可能というのは、ダイエット専門医たちの共通見解です。

短期集中ダイエットをするなら、これら3つは必ず守ること。つまり、短期で一気にやせるには、全方位でダイエットモードにならないといけないのです。ファスティング（P64～参照）を取り入れるのもおすすめですし、できるなら、ジムやエステなどを取り入れるとさらに効果的です（P162参照）。結果を出したいなら、かなりストイックにがんばる覚悟を！　164ページから、これらの方法を実践した体験談が載っていますので、参考にしてみてください。

どちらも経験した私からすると、実は「日々是ダイエット」のほうがはるかにラク。自分の予定や目標と相談しつつ実践しましょう。

短期で結果を
出したいときに！

「巡りがよくなる」おすすめサロン

DETOX SPA DAMAI代官山
デトックススパ・ダマイ

東京都目黒区青葉台1-4-8-2F
TEL 03-3462-4148　http://www.damai.jp/daikanyama

緊急ですっきりしたいときの"駆け込み寺"

「むくんだとき、ちょっと太ったときはこちらへ。ぐいぐい流してくれて、1回でサイズダウン」。おすすめはデトックスヒートアップボディ（100分¥21000〜）。ディープなリンパトリートメントで体の毒素を排出し、セルライトを揉みほぐす。

THE POPEYE Personal Club
ザ・ポパイパーソナルクラブ

東京都港区麻布十番3-7-11-2F
TEL 03-5765-8333　http://thepopeye.jp

驚くほどの発汗量！代謝アップ&冷え解消に

富士山溶岩浴をベースにしたパーソナルトレーニングスタジオ。「体の芯から温まった状態で有酸素運動とストレッチをするので、より高い運動効果が得られます。体温が低い人はぜひ」。60分￥7800〜（ナビゲーターによって変動）

solace代官山
ソラーチェ

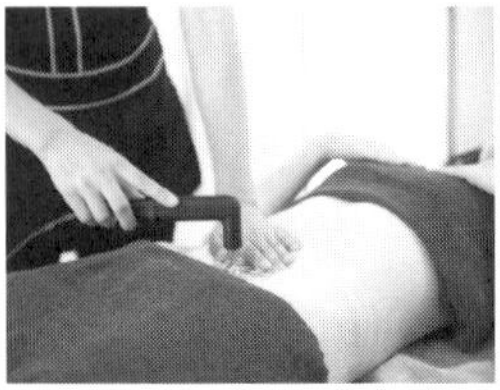

東京都渋谷区恵比寿西2-20-15 ソルスティス代官山1F
TEL 03-3780-5770　http://www.solace-daikanyama.com

しなやかな体を作る女性のための加圧スタジオ

「体の巡りをよくする加圧プログラムと体内部から温めるインディバを組み合わせたメニューがお気に入り。姿勢の矯正など日常生活の指導も嬉しい」。加圧／30分¥8000〜、インディバ／45分¥11250〜より。ピラティスなどのメニューも。

「巡る体になる」おすすめアイテム

ほぐす

ReFa ACTIVE
¥32000 ／MTG
肌と筋肉に深くアプローチして、バランスのいい体へ導くローラー。たるみの引き締めに。体・顔用。

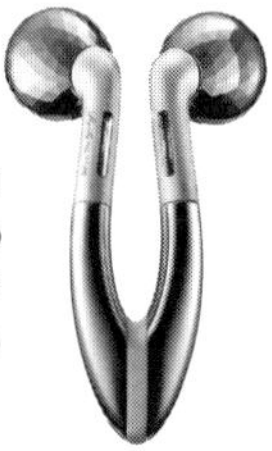

ノットアウト（ダブルミディアム&ソフトフォーム）
¥4276 ／セルフボディケア・ジャパン
人間工学に基づいて開発されたボールが筋肉をつかみ、筋膜の癒着をリリース。コリのないしなやかな体へ。

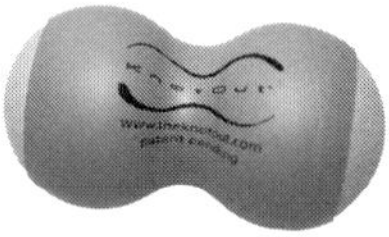

エルバビーバ SHオイル
125ml ¥3900 ／スタイラ
香りで食欲をセーブし、温めて代謝を上げ、マッサージで筋肉をほぐす。3方向からダイエットをサポート。

ダマイ セルリファーム ボディクリーム
200g ¥8900 ／ダマイ
リンパをケアするキュアパッション、脂肪に直接働きかけるグラウシンを贅沢に配合。効率よく巡る体を作る。

温める

シーモス ハイドロソーク
300g ¥4000
／モルトンブラウン ジャパン
死海の塩や海藻などを配合したバスソルト。深いグリーンのお湯で、自宅にいながらタラソセラピー体験が叶う。

バン エキゾティック
500ml ¥8000
／ジョジアン ロール
レモンとイランイランのエッセンシャルオイルが血行、代謝を促進。むくみやだるさを解消してくれる入浴剤。

【 問い合わせ先 】

MTG	0120-467-222
ザ・デイ・スパ	☎06-6227-8086
ジョジアン ロール	0120-774-555
Simplisse	0120-370-063
スタイラ	0120-207-217
セルフボディケア・ジャパン	☎03-5681-8247
ソラーチェ代官山	☎03-3780-5770
大豆専科ソイコム	0120-571-541
ダマイ	☎03-3572-4148
ヘルシーパス	☎054-255-1200
ポーラ	0120-117-111
マリアージュ フレール 銀座本店	☎03-3572-1854
モルトンブラウン ジャパン	☎03-3660-7996
リフェット	0120-982-820
ワンダーリリー	☎03-6447-4420

対談

山本未奈子×VOCE編集長 石井亜樹
「ダイエットは大人のライフワーク?!」

年齢を重ねるほどやせにくくなる。それは変えようもない事実。
でも、いつも食事制限している人生はつまらないし、大好きな美味しいものは思う存分食べたい。ならば、私たちはどうすればいいのか?
今回、美容雑誌VOCE（ヴォーチェ）の編集長がこれまで提案してきたダイエット法に6週間挑戦！ 結果はどうだったのか、「大人のダイエット」とはどうあるべきなのか、著者と編集長が語ります。

山本 まずは6週間、お疲れさまでした！ 印象がすごくスッキリしましたね。

石井 ありがとうございます。最近、「身幅が薄くなった」とか、「体がひとまわり小さくなった」と、人から褒めてもらえることが多くて、やっとやせたんだ！ という実感が出てきました。

山本 「石井さんはありとあらゆるダイエットに挑戦したけれど、やせられなかった」という情報を得ていたので、私の提案する方法で結果が出なかったらどうしようと、正直、ドキドキしていました（笑）。でも、最終的には7kgの減量に成功という素晴らしい結果に！

石井 スムージーや断食などの食事制限、ジムでの筋トレやマラソンもやりましたし、長年、いろんなダイエット法にトライしてきたんです。でも必ずリバウンドするし、40歳をすぎてからはやせにくくもなってきて、もうやせることなんてできないのか（笑）とあきらめかけていました。

山本　今回、この本で紹介している方法を体験していただきましたが、いかがでしたか？　過去に挑戦したダイエットとの違いや、辛いことはありましたか？

石井　6週間という短期で結果を出したかったので、食事の糖質を減らすことにかなり力を入れました。でも、**糖質にさえ気をつければ、食べられる食材はたくさんあって、食事量を減らすダイエットのように、ひもじい思いをしなくて済んだというのはとても嬉しい点でした**。しいて辛かったことをあげるなら、糖質の多いシャンパンやビールが飲めなかったことですね。焼酎とか赤ワインなどのお酒は飲んでよかったので、やりすごすことができました。

山本　確かに、ダイエットは空腹が辛くて断念するというケースも多いですものね。でも、大人になると避けられない食事会やお酒の席もあるし、仕事をする立場にあれば、空腹で頭がボーッとして集中力が削がれても困ります。そう考えると、**長期間、過酷な食事制限をするというのは、大人のダイエット法としては現実的ではない**と思います。

石井　そういった意味では今回、外食がOKだったので、仕事に支障はありませんでした。もちろん、焼鳥のように糖質オフをしやすい店を選んだり、メニューの選び方で糖質をコントロールする努力は多少必要でしたけど。友人とも飲みに行けたので、今までのダイエットにありがちな孤独感みたいなものはなく、ストレスもほとんどなし。この6週間に、夜だけでも20回以上、外食しましたから！　もう外食が続くからやせられないっていうのは理由になりませんね（笑）。

山本　短期の挑戦だったので、石井さんはストイックに糖質オフをしましたけど、**普段の生活に取り入れるなら、どうしても食べたいとき以外は主食をやめてみるとか、糖質の少ないメニューを選ぶようにするというだけでも十分**。石井さんのダイエットは、ここで終わったわけではないので、今後も無理がない範囲で上手に糖質オフ生活を続けるということが大切です。

石井　実は、今回のダイエットを始める前までは、カツ丼やラーメンなどハイカロリーな糖質ものを躊躇なく食べていたし、仕事で遅くなって深夜に食べることもまったく気にせずという状態でした。けれど今は、せっかく落とした体重をキープしたいという気持ちもあるし、いかに糖質過多が太る原因になるかと実感できたので、もとの食生活に戻るようなことはないと思います！

山本　石井さん、すっかり〝やせスイッチ〟が入りましたね。**ダイエットというのは長期戦で辛いもの、というイメージを持つ人が多いと思いますが、大変なのは、きっかけを摑むまでの数日間。ダイエットマインドに切り替われば、やせる楽しさが勝ってくる**んです。30歳をすぎると代謝や筋力が下がって脂肪がつきやすくなるという問題は、避けて通れないことですし、終わりな

1週目〜2週目　VOCE編集長ダイエットチャレンジ! ——#01

START!

ダイエット初日。インディバで体を深部から温めた後、加圧を初体験（P162参照）。効率的に巡りのいい体を作るのに、加圧は最適だそう。もともと体を動かすことは嫌いじゃないので、加圧は好印象。インディバとの相乗効果も期待!

2/8(月)

昼食です
味噌煮込みの中の大根と人参はお腹いっぱいになったので食べてません。サラダのドレッシングはノンオイル梅です

今回は短期間でやせたいので、「ゆるくない」糖質オフをすることに。小さいおかずの「小鉢」が充実している社員食堂が、意外と使えることを発見。

初日からまさかの会食!

本日夜ごはん…。外食でした。

おはようございます！
今日もよろしくお願いします。
昨日の食事、外食にもかかわらず少量に抑えていただきありがとうございます。ワインは2杯のみですか？もう少し野菜があるといいですね

シャンパンは糖質が多くNG（ビール、日本酒も）なので、最初から白ワイン。なるべく少なめ少なめで食べる。パンとデザートはもちろんお断り。

2/9(火)

仕事がお忙しいのは十分承知していますので、できる範囲で頑張りましょう^_-☆
具沢山の汁いいですね！美味しそうです
朝は週末の残りものスープです。カツオだしにキノコとアオサとネギ。
塩分はなるべくとらないほうがいいんですよね

余裕のある朝は具だくさんスープ。時間がないときはフルーツを。フルーツは果糖を含むものの、ビタミンが摂れるので朝ならOKとのこと。

冬は特に体の巡りが滞る季節。オールハンドのマッサージで60分、徹底的に体をほぐしてもらったら（P162参照）、明らかに体がポカポカに!（サイズダウンも!）　体温は高いほうだけれど、意外と冷えていることを実感。

2/14(日)

お昼ごはん。
糖質0g麺で釜玉。あときのこスープ
おからこんにゃく
糖質0g麺
この麺私もよく活用します。いいですね

何でお腹を満たせばいいの？　というときに活躍したのが「糖質ゼロ麺」。いつしか、食品表示の「糖類」「炭水化物」の数値をチェックするのが習慣に。

2/15(月)

夜ごはん。豚しゃぶにしてみました
素晴らしいです！たんぱく質、ビタミンともに◎ですね

食事制限だけじゃダメ!

有酸素運動でカロリーを消費し、代謝を上げるのも大人には必須（P162参照）。岩盤上での約1時間のメニューを終えると、汗が滴り落ちるほどに。

やっぱり難関はランチ

2/17(水)

ランチはハンバーグ。
付け合わせのうち、炭水化物は残しました

カツ丼に寿司、ラーメン、焼きそばにパスタ。がっつり炭水化物メニューの宝庫、それがゴルフ場のレストラン。悩んだ末にハンバーグ定食、ご飯抜きをオーダー。

2/18(木)

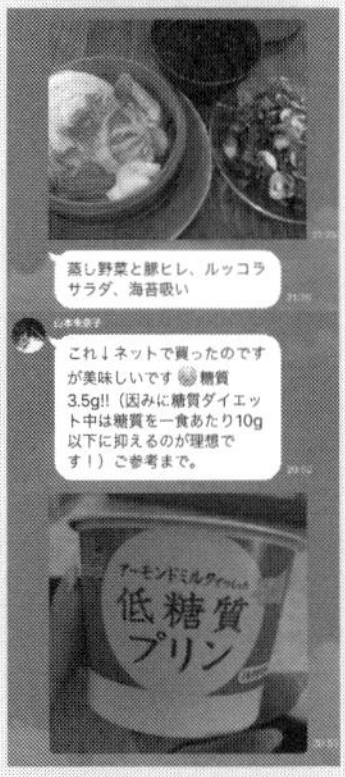

蒸し野菜と豚ヒレ、ルッコラサラダ、海苔吸い
これ↓ネットで買ったのですが美味しいです 糖質3.5g!!（因みに糖質ダイエット中は糖質を一食あたり10g以下に抑えるのが理想です！）ご参考まで。
アーモンドミルク
低糖質プリン

甘いものが恋しくなる頃では？　と未奈子さんから、低糖質スイーツ情報。量はしっかり食べているからか、甘いものへの渇望感はそれほどなし。カロリー0の自然派甘味料、ラカントSも買ったものの、ほとんど使わず。

き戦いです。だからこそ、我慢ばかりしていては続かないので、私はいっそ**ダイエットを趣味にして楽しんでしまおうというスタンスに切り替えたら、すごくラクになりました**。

石井　ダイエットを一生のスパンの中で考えるようになると、自分に合っている方法、続けられる方法を見つけるのがポイントになりますね。そういった意味では、今回の方法は私に向いていましたね。料理が好きなので低糖質のメニューを作ることも苦にならないし、運動も嫌いじゃないから、トレーニングもがんばれる。

山本　今回、姿勢の改善も行いましたが、〝燃焼しやすい体〟を作る姿勢（P85〜参照）にだいぶ慣れてきているようなので、これも続けられるといいですね。

石井　正しい姿勢を学ぶまでは、整体の先生から肩が前に入っていると言われても、「私、前肩の人だから」と〝クセ毛〟のように自分の特徴なのだと受け入れていました（笑）。まさか、それが血行促進や代謝アップと関係があって、ダイエットにつながるとは思っていなかったんです。最初は、姿勢をキープするだけで筋肉が疲れて、気づくとすぐに元通りの悪い姿勢になっていました。でも、日常生活の中で気をつけるようにしていたら、たった4日で加圧のトレーナーから「肩の位置が変わってきている」と言われたんです。こんなに早く変化があるものかと驚きました。

3週目〜4週目　VOCE編集長ダイエットチャンレジ! ——#02

2/24(火)

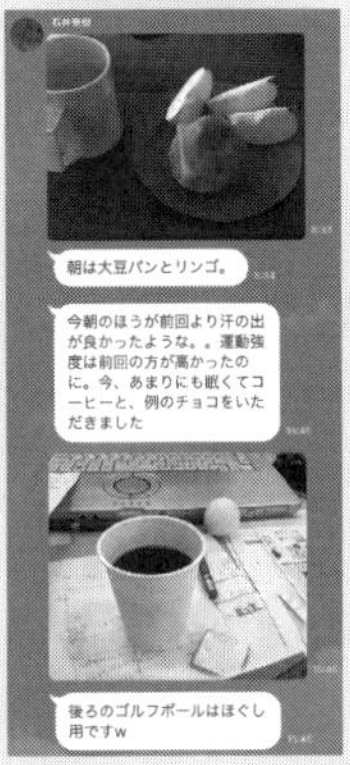
朝は大豆パンとリンゴ。
今朝のほうが前回より汗の出が良かったような。。運動強度は前回の方が高かったのに。今、あまりにも眠くてコーヒーと、例のチョコをいただきました
後ろのゴルフボールはほぐし用ですw

大豆でできた糖質オフパンに初トライ。チーズやハムを挟むとけっこう美味しい。仕事の合間には低糖質のチョコを。6週間限定と思えば、こうした「糖質オフ食品」も案外楽しめる。

2/27(土)

1回目。白湯と一緒に。
2回目。
3回目は水でわりました

土曜日断食→日曜日回復食、とわずか2日ながら体にカツを入れるべく、ファスティングにトライ。

2/28(日)

そういえば昼ごはん。さつまいものスープ。ダイエットサプリ忘れず飲みました。

1日めは酵素ジュース、2日めはスープ。断食は初めてじゃないけど、体が軽くスッキリ感じられるのは悪くない。

体の巡りをよくするために重要な「あっためＸほぐし」。首コリ、肩コリは職業病とはいえ、硬すぎる体に対して自分でできることは、お風呂とストレッチ。

2/29(月)

週末に非常用間食を調達。本日は出番なしでしたが。

口寂しくなったときに、とナチュラル系のスーパーで見つけた大豆と昆布。ダイエットを始めて3週間、順調に減っていた体重も停滞期に入り、今はガマンの日々。

3/3(木)

おはようございます！
夕食素晴らしいです！たんぱく質も摂れていますし、野菜も多くていいですね
糖質制限中の外食はもし選択できるなら焼き鳥や居酒屋、しゃぶしゃぶ、鍋屋がオススメです

会食は焼き鳥指定で!(笑)。たっぷり野菜あり、ヘルシーなたんぱく質ありで、しかもお酒は焼酎が相性よしときたら。〆の親子丼の誘惑だけが鬼門。

3/6(日)

糖質オフ生活にとって、肉はなんでも食べてよいけれど(サシがものすごく入っていなければ)、融点が低くて脂肪が燃えやすいラム肉はいちばんの理想食材。

朝はリンゴ3分の1。
昼はラムしゃぶ。写真は２人分で肉は4分の1ぐらいのこりました。

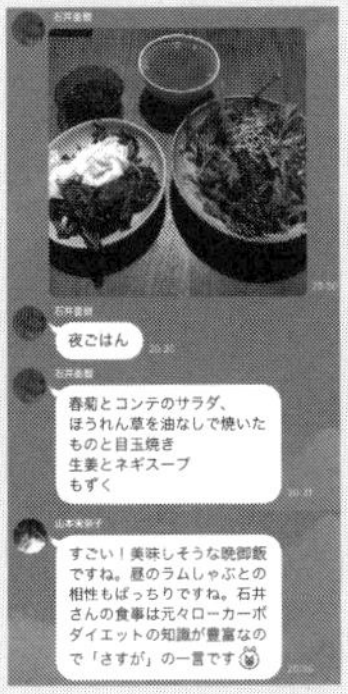
夜ごはん
春菊とコンテのサラダ、
ほうれん草を油なしで焼いたものと目玉焼き
生姜とネギスープ
もずく
すごい！美味しそうな晩御飯ですね。昼のラムしゃぶとの相性もばっちりですね。石井さんの食事は元々ローカーボダイエットの知識が豊富なので「さすが」の一言です

3/7(月)

安定の社食

ランチ時に会社にいるときは社食頼み。こんなに社食を愛用する日が来るとは。

今日はこれから大阪出張です。
粉物の誘惑に勝てるか！？がんばります
初心に返って咀嚼20回。20回

LINEでのやりとりを見ていて影響された、と未奈子さんも糖質オフ生活をスタート!

「私も糖質オフします!!」(未奈子さん)

山本　実際、**姿勢を変えて一日に増える代謝の量は、そう大きくはありません。でも、それが日々下がっていく代謝と戦うのに、どれほど強い味方になるか。**大人の女性が太らないためには、こうしたライフワークとして取り入れられるダイエットが、とても重要です！

石井　**いい姿勢を意識して正しく筋肉を使えるようになると、歩くだけでも、ただ立っているだけでも、仕事で座っているときもトレーニングタイムになる**ということ。３６５日いつでもどこでも鍛えられるので、忙しくてジムに行けないというような人でも筋力を維持できますね。

山本　大人になると、仕事が忙しいときもあれば、子育てで思うように身動きが取れない期間もあります。ダイエットのためだけに時間を費やすというのは、すごく難しいことです。つまり、どんな環境においても継続できるダイエット方法を見つけることが、重要になってきます。

石井　今回のダイエットでは、新しい気づきもたくさんありました。一番大きな気づきは、自分が思っていた体の状態と現実はまったく違っていたこと。ダイエットを始めた当初、「体に老廃物が溜まっていてパンパンに硬い。改善するためには、冷え症と巡りの悪さを改善しなければ」と指摘されて、とても驚きました。雪山に行っても手足がポカポカしているほど、冷えを感じていなかったし、マラソンなどハードな運動もしていたので筋肉量には自信があり、**〝代謝がいい＝排出力もあるはず〟と思っていました**から。

5週目〜6週目　VOCE編集長ダイエットチャンレジ！ ―#03

石井美樹
おはようございます。昨晩は焼き鳥。編集部のみんなと。ハイボール２杯、お湯割り１杯

編集部員との深夜ごはん。協力的な部員たちのおかげで、焼き鳥一択。仕事柄、どうしても外食が多くなってしまう中、ここまでやせられたのには驚くばかり。

ここまできたら、ラストスパート

3/17(木)

石井美樹
夜ごはん。インディバのあとは軽食にしてくださいといわれたため、キノコスープ、もずく、ゆで卵。
明日の朝は運動前なので普段よりお腹になんか入れます。

長いと思っていた6週間もあとわずか。人からも「やせた?」と言われることが多くなり、モチベーションが上がるというもの。体重は減っているけれど、体脂肪率やサイズはどのくらい変化したのか、楽しみ!

ラスト1週間！
誘惑に負けない！！

3/13(日)

石井美樹
朝は5時起きだったのでなし。
昼はゴーヤチャンプル定食ごはんぬき。沖縄は炭水化物だらけなので、かなり作戦が必要です
山本未奈子
そうですね。出先ではコントロール大変だと思いますので、体重を減らすことより維持できるようがんばってください！よろしくお願いします

あと1週間弱だというのに、沖縄出張。沖縄と言えば、サーターアンダギーにソーキそばにタコライスに、と糖質パラダイス!　定食を頼んでご飯を断る、という手段でどこまで逃げ切れるか……。

3/15(火)

山本未奈子
完璧ですね！我が家は子供たちがミートソーススパゲティ、夫が生姜焼き、私は↓と結構面倒な事態が発生しています（笑
石井美樹
確かに。。何品いったい作らねばなのか…！
山本未奈子
レタスの炒め物、マグロ納豆、さわらの塩焼き、きのこの味噌汁です

育ち盛りの子どもがいる家庭での糖質オフは難しそう。誕生日パーティーやイベントなどの罠（笑）もあるし。未奈子さん、がんばって!

3/10(木)

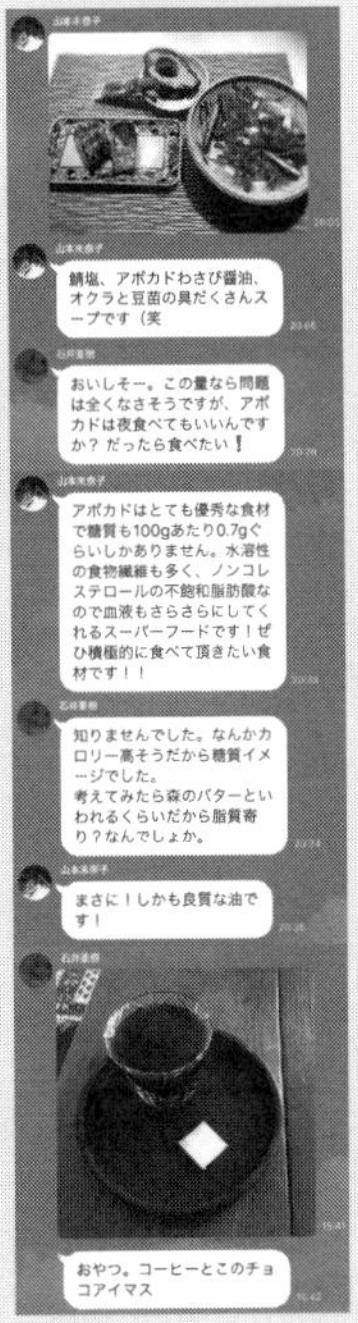
山本未奈子
鯖塩、アボカドわさび醤油、オクラと豆苗の具だくさんスープです（笑
石井美樹
おいしそー。この量なら問題は全くなさそうですが、アボカドは夜食べてもいいんですか？ だったら食べたい！
山本未奈子
アボカドはとても優秀な食材で糖質も100gあたり0.7gぐらいしかありません。水溶性の食物繊維も多く、ノンコレステロールの不飽和脂肪酸なので血液もさらさらにしてくれるスーパーフードです！ぜひ積極的に食べて頂きたい食材です！！
石井美樹
知りませんでした。なんかカロリー高そうだから糖質イメージでした。
考えてみたら森のバターといわれるくらいだから脂質寄り？なんでしょか。
山本未奈子
まさに！しかも良質な油です！
石井美樹
おやつ。コーヒーとこのチョコアイマス

アボカドは糖類が多いNG食材だと思っていたら、繊維質が多く、良質な油を含むスーパーフードだと!　そして、コーヒーはやせると話題になったけれど、カフェインは体を冷やすのでがぶがぶ飲むのはやっぱりダメだと。残念!

糖質が多い食材、
少ない食材が
わかるように！

有酸素運動も一緒に（P162参照）。5週め、現在マイナス5kg。加圧とインディバ、リンパマッサージに有酸素運動、と代謝を上げるプログラムと食事制限との両輪がこのダイエット法のキモだとつくづく思う。

3/8(火)

石井美樹
うちの近くのオーガニック八百屋で野菜を爆買い
1700円もしました
石井美樹
うちいくつかと羊節でたのと羊のチーズでサラダ。

有機野菜ってなんでこんなに高いの!　と思いつつ、このダイエット期間中、友人の美味しい誘いを断ってきたし、せめてもの贅沢と思い、たくさん購入。

石井美樹
私はブリしゃぶ、オーガニック寄せ豆腐、新のりの味噌汁
山本未奈子
やっぱり家ご飯はいいですね！！
ヘルシー

たまにはお魚メニューも。旬のぶりをしゃぶしゃぶに。

6週間を終えて

食事に関して実感したのは、「深夜ごはんは太る」「肉ならラム肉」。そして、うすうす気づいてはいたけれど「早食い注意」。実感していなかった「冷え」も発見され、冷たい飲み物は飲まない（冬でよかった）、腹巻きとショートパンツ、ソックスをいつも着用するなど、人生初の冷え対策を実行。こうした小さい習慣の積み重ねが結果につながったと思う。

山本　一般的な女性に比べて、石井さんの筋肉量は多いと思います。でも、本来なら筋肉がポンプの役割になって老廃物をしっかり排出してくれるはずなのに、それができていないということは、溜め込んでいるに違いないと思いました。きっと、これまで運動や食事制限でやせられなかった理由は、まさにそこにあるのではないかと。

石井　振り返って考えてみると、いくら運動しても、どれだけ暑くても、ほとんど汗をかかないタイプだったので、きっとそれが排出できていないサインだったんだと思います。

山本　今回挑戦した岩盤浴内で行うステップエクササイズも、最初はほとんど汗が出なかったのに、最後には、汗がたっぷり！　あれは、巡りがいい体質に変わった証拠ですね。

石井　体を冷やさないようにした成果も大きいと思います。**冷たい飲み物をやめて、お風呂にもしっかり浸かって。遠赤外線の糸でできた腹巻きとショートパンツ、靴下の3点をいつも着用するようにもしました**。肩や首のコリ、足のむくみがゆるんできたのがわかります。

山本　この間まで、「私、冷えても、凝ってもいません」と言っていたのに、すごい成長ですね（涙）。この6週間は、一緒にジムに通ったり、口にするものをSNSで送ってもらってチェックしたり、二人三脚でやってきましたが、これからが一人で続けていく本当のスタート。でも、石井さんは、筋肉量が0・5kgしか減っていないという好成績！　**過度な食事制限をして筋肉の量**

が減ってしまうダイエットとは違って、筋肉がしっかり維持できているのでリバウンドの心配はしていません。最後に6週間を終えてみた総評をいただけますか？

石井　過去に数え切れないほど体験してきたダイエットの中で一番しっくりきました。これは、本音として言えます。私のようにダイエットといえば食事制限や運動だと思っている方や、何をしてもやせないという方は、一度、巡りや冷えという観点も視野に入れてみてほしいと思います。今回教わったことをライフワークにしてどう体型が変わっていくか、この先が楽しみです。

6週間チャレンジ！

はたして結果は……？

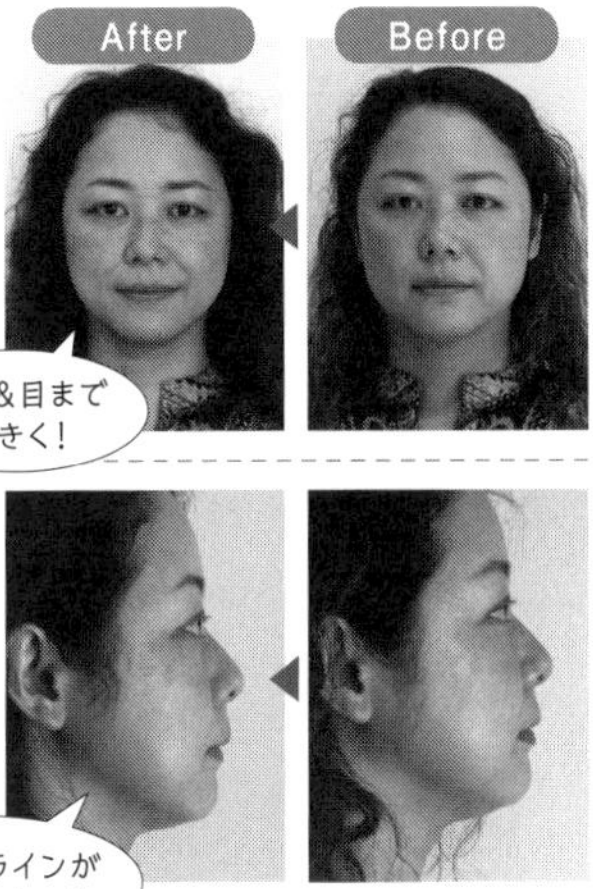
After
Before
小顔&目まで大きく！
フェイスラインがすっきり上へ！

●体重	-7.0kg（筋肉量は-0.5kg）
●ウエスト	-6.3cm
●ヒップ	-7.1cm
●太ももまわり	（右）-5.7cm
	（左）-5.2cm
●体脂肪率	-6.5%

筋肉量がたった0.5kgしか減っていないのに、体重はマイナス7kg。筋肉が落ちていないということは、代謝量が落ちず、リバウンドしにくい理想的なやせ方ができたということ。食事制限＋運動＋巡りをよくする、という方法が、大人の女性にとってベスト、かつ早道であることがわかる結果に。

おわりに

最後までこの本をお読みいただき、ありがとうございます。断言できますが、これであなたは「どうしてもやせられなかった自分」とお別れできます。

Ｐ１６４で登場していただいたＶＯＣＥの石井編集長は、６週間で７kgやせました。この後にダイエットをサポートした友人も、なんと４週間でマイナス７kgという驚異の減りっぷり。（正確には、こんな短期間でこれほどやせるのはＮＧなのですが、どうしてもというイベントがあったため、サプリなどでしっかり栄養補給しながら絞りました。筋肉はまったく減らず、というより筋肉量は増えてやせたので大成功！）。きちんと実行すれば、「ちゃんとやせられる自分」になれるのです。

そして素晴らしいのは、ふたりともリバウンドしていないところ。６週間みっちりと食事や運動、姿勢や入浴にまで気を配るのは大変です。でもそうやって続けるうちに「体調がいい」「お腹がすかないのに、時間になったから食べてたんだ」「ずいぶん体を冷やしていたんだな」といった〝気づき〟が訪れます。この〝気づき〟は一生ものの財産！　6週間のダイエット強化期が終わっても、食事のたび、入浴のたび、この〝気づき〟を思い出すようになります。これはダイエットにおける最強の武器となり、つい食べてしまったり、運動をさぼる自分がフェイドアウトしていくはずです。

女性とは面白いもので、意識が変わるだけで体も肌も変わりますし、表情やマインドもぐっと上向きになります。「もう、前のように太らない」と思えるのはとてもハッピーで自信がつくもの。恋もおしゃれも楽しめますし、「私はどうせ……」とネガティブにならずに済みます。ダイエットを通じて、そんなハッピーな心や暮らしがあなたに訪れてくれるでしょう。

最後に、この本を形にしてくれた講談社の山本さん、イラストを描いてくださったashimaiさん、デザインしてくださった内藤さんに心よりお礼を申し上げます。

これまで、美容家として、会社の経営者として活動を続けてきましたが、それらはすべて、日本の女性が美を通じて充実した暮らしを送るためのサポートをできればと願ってのこと。この本も、たくさんの女性の幸せの一助になってくれれば、これ以上の幸せはありません。皆様のもとに、たくさんのキレイと幸せがありますように！

2016年6月　山本未奈子

山本未奈子（やまもと・みなこ）

美容家。ニューヨーク州認定ビューティセラピスト。
英国ITEC認定国際ビューティスペシャリスト。1975年生まれ。
ロンドン大学卒業後、非常勤講師としてNYの美容学校で教鞭をとる。
2009年にスキンケアブランド『シンプリス』を発表。
美容をテーマにした講演や執筆活動、テレビ、雑誌の美容記事の監修など
多方面で活躍中。著書に『美人になる食べ方』（2011 幻冬舎）、
『髪が10年若返る 頭皮ケアで始める美髪バイブル』（2012）、
『本当に知りたかった 美肌の教科書』（2013 ともに講談社）ほかがある。

対談構成　金子優子
イラスト　ashimai
ブックデザイン　内藤美歌子／バーソウ
トレーニング監修　山崎麻央
マネジメント　前淵沙耶香／SMAG
大山明日香／MNC New York

講談社の実用BOOK
「なんでやせないんだろう？」
35歳《さい》からの「もう太《ふと》らない自分《じぶん》」の作《つく》り方《かた》

2016年6月7日　第1刷発行

著　者　山本《やまもと》 未奈子《みなこ》

発行者　鈴木 哲
発行所　株式会社 講談社
〒112-8001 東京都文京区音羽2-12-21
電話　編集 ☎03-5395-3529
販売 ☎03-5395-3606
業務 ☎03-5395-3615
印刷所　慶昌堂印刷株式会社
製本所　株式会社国宝社

ISBN978-4-06-299850-5